新潮新書

筆坂秀世

*FUDESAKA Hideyo*

# 日本共産党



164

新潮社

日本共産党・目次

# 序章　なぜ私は入党し、離党したのか

## 「生き方」を求めての入党

私は二〇〇五年七月、約三九年間在籍した日本共産党を離党した。この間、共産党に入党した一八歳の時には夢想だにしなかった国会議員秘書、衆参両院選挙の候補者、参議院議員など、得がたい経験をすることになった。その後の党の役職罷免、参議院議員辞職という驚天動地の事件も含めて、文字通り波乱に富んだ人生となった。日本共産党に入党していなければ、このような経験をすることはありえなかったろう。

私が日本共産党に入党したのは、一九六七年二月である。一九歳の誕生日の直前、兵庫県立伊丹高校を卒業後、三和銀行に入行して一年足らず後のことであった。

なぜ日本共産党に入党したのか。それは自分の「生き方」を求めてであった。

私が生まれたのは兵庫県川辺郡猪名川町柏原というところで、大阪府の能勢町と兵庫県の三田市の間、宝塚市や伊丹市の奥、山を一つ越えれば丹波篠山という位置関係にあり、小学校四年生までは分校という山間僻地である。兄姉弟《きょうだい》は五人で私は末っ子だった。兄、姉は全員中卒であり、わが家では、高卒の私が最高学歴者であった。私が小学生頃までは、米づくりが中心で、その他に炭焼き、薪づくり、土方仕事と現金収入を得るために父母は懸命に働いていた。ただ冬場になると結構雪も降って仕事もなくなるので、父は灘へ酒づくりの蔵人として出稼ぎに出る。大体三カ月間ぐらいの出稼ぎになるので、私の田舎では「一〇〇日に行く」とよんでいた。米づくりといっても、田んぼは借りているものも含めて四反半程度しかない。正真正銘の水飲み百姓だった。

しかし、私が生まれた一九四八年、昭和二三年というのは、戦争が終わって三年目であり、私の村はもちろん、日本中が貧しかった。私自身さえいまでは信じられない思いもするが、母が夜なべ仕事でつくったわら草履で山や田畑を駆け回っていた。それだけに貧乏は身に沁みてはいたが、それでも「おとんぼ（末っ子）」ということもあって、兄や姉、父母からは、可愛がられて育てられた。ただ家計の苦しさはわかっていたので、中学を卒業すれば働こうと考えていた。中学校の教師が、「秀世君は勉強がよくできるので高校に行かせてやって下さい」と、母に言ってくれなければ、おそらく中卒で働いていたと思う。

高校にはなんとか進んだが、早く働いて収入を得なければならないという思いが強く、大学への進学はまったく考えることができなかった。こうした環境に責任転嫁するつもりは毛頭ないが、何も将来の夢を持てず、何になりたいということもない。どうせ就職するのだから、というので勉強への意欲も失っていた。タバコは吸う、授業はさぼる、喧嘩はするという、いまでいう「荒れた生徒」である。将来について、何も描くことができない、夢を持てない自分に苛立っていた。一人になると、「自分はなんのために生まれてきたのか」「自分は何をすればいいのか」、こんなことをしょっちゅう考えていた。青年期特有の茫漠たる将来への不安とともに、自分の存在意義ともいうべきものを確認できなかったことが根底にあったのだと思う。

この思いは、三和銀行に就職してますます強くなる。私が最初に勤務したのは阪急宝塚線の沿線にある大阪府池田市の支店であった。総ガラス張りの建物だった。この建物に初めて入った時、光がやけに強く差し込んでいて、まぶしくて目まいがする感じがして、強烈な拒否感を持ってしまったことをいまでもはっきり覚えている。仕事は札勘定とソロバンの毎日であり、「ああ、俺は人の金の勘定をして、一生を終えていくのか。

こんなことのために生まれてきたのか」と思うと絶望的な気分に襲われた。この種の仕事を小ばかにしているのではない。そうではなくて、自分という人間がこの世のなかに生きている、必要な人間なのだ、という実感がつかめないことに、我慢がならなかった。

本当は、すぐにでも退職したかったが、父がすごく喜んだ就職だった。かつての銀行員といえば、それなりの資産家などの子息が行くところであった。私の村で都市銀行に就職している人など例がない。それが貧乏人の小せがれが都市銀行に就職したものだから、父は有頂天になって、誰からも聞かれもしないのに、「秀世が三和銀行に入ってな」と吹聴していることを母から聞いて知っていた。

それでも銀行への拒否感は変わらなかった。だから銀行のレクリエーションなどの行事や独身寮の行事は、いつも不参加である。こんな気持ちでいる時に、同じ独身寮で、よく話しかけてくれる池田支店の先輩から、「日本民主青年同盟（民青）のよびかけと規約」という小冊子を渡され、「これを読んでくれ」と言われた。

この小冊子もいまは手元にはないし、四〇年も前のことなので正確ではないが、〝世界は平和、民主主義が花開く社会進歩の方向に大きく動いている。この流れの中に身を投じて、生きがいのある人生を歩もうではないか。社会を変革し、進歩させるのは君たちだ。君たちが社会の主人公なのだ〟という趣旨のことが書かれていたと記憶している。なかなかの名文だ。後に宮本顕治氏が書いたという話を聞いたことがある。その真偽は知らないが、民青というのは、戦前は日本共産青年同盟（共青）といい、「日本共産党のみちびきをうけ」ることを目的にも明記している青年組織であり、共産党もこの拡大強化に力を注いでいたので、十分にありうることだったと思う。

単純と思われるかもしれないが、当時一八歳の私は、〝そうか、俺たちが社会をつくっているんだ。俺たちが主役なんだ〟と思い、急にちっぽけな自分が大きくなったような心持ちになった。「反戦・平和」「進歩」「平等」とか、「社会の主人公」とかの言葉は、当時の私をしっかりとらえた。「探していたものが見つかった」というのが実感であった。この半年後には、日本共産党に入党していた。

当時、日本共産党に入るというのは、相当、勇気がいることだった。当時の日本共産党規約の前文には、次のような一文があった。

「日本共産党は、日本の労働者階級の前衛部隊であり、労働者階級のいろいろな組織のなかで最高の階級的組織である」

「日本共産党は、わが労働者階級の前衛としてのほこりと自覚をもって、かがやかしい共産主義の終局の勝利を確信し、あらゆる困難にうち勝って、断固として敵とたたかう戦闘的精神をもたなければならない」

いわゆる「前衛党」論だが、当時の私たちにとっては、大事な規定である。〝ぼろは着てても心は錦〟という気概なのだ。自分はみんなの幸せのためにがんばる、平和のためにがんばる、そういう社会進歩の隊列に身を投じたのだと思い、誇らしかった。

一種の興奮状態だった私は、正月休みで田舎に帰ったとき、母や兄、姉にも、日本共産党に入党したことを誇らしげに告げた。姉は泣きながら「やめてほしい」と言い、母は「お前だけが共産党に入って苦労することはない。皆が入るようになれば、お前も入ればいい」と言い、兄は「母も、姉もやめてほしいと言っているのだから、やめろ」と言うなど、全員に反対されてしまった。誰もが、共産党に入党すれば、「アカ」だなどと差別され、苦労することがわかっていたからだ。

それでも私は、「なぜ、わが家がこんなに貧しいのか。社会の仕組みが間違っているからだ」などと、とぼしい知識で必死に全員を説得した。もちろん説得しきることはできなかったが、早くも誇りに満ちた道を歩み始めていた。

## 銀行員から議員秘書、そして国会議員へ

銀行の党組織は、銀行にばれると間違いなく差別されるので党内用の名前をつくっていた。なぜか「ペンネーム」と呼んでいた。ただあまり意味はなかった。選挙で共産党への投票を依頼したり、「赤旗」の購読をすすめたり、サービス残業を告発するなど熱心に活動すれば、たちどころにばれるからだ。

私も銀行からただちに睨まれることになった。最初に勤務したのは大阪の池田支店だったが、わずか一年余で東京の祐天寺支店に飛ばされた。異例の早さである。まだ二〇歳にもなっていない。祐天寺支店に着任した最初の日に、いきなり同期の女性から「筆坂君、この支店は同期会がないからね」と言われた。そんなことはたずねてもいないのに、と不思議に思っていたら、あとで理由がわかった。次の日曜日に同期がそろってハイキングに出かけていたのだった。私を誘わないための〝先制排除攻撃〟だったのだ。

最初は「村八分」状態である。しかし、まったくめげることはなかった。前衛党の一員として、自由にものが言えず、サービス残業がはびこっている職場を変えてみせる、と意気込んでいた。事実、一緒に仕事をしていると自然と打ち解けていった。

銀行には七年弱いたが、実はほとんど銀行実務といえるような仕事はやらせてもらえ

なかった。池田支店では集金の仕事だけ。祐天寺支店に転勤すると、目黒税務署に三和銀行の派出所があって、そこで税務署に代わって税金を収納する仕事に従事した。派出所の人員は私一人だけである。その後、大阪の吹田支店に転勤した。ここでも吹田市民病院に派出所があり、診療費を病院に代わって収納していた。また一人きりであった。このときには支店長と掛け合って、一年後に貸付係に変更させたが、銀行員生活の大半がこんな調子であった。文字通り隔離されていたのである。

それでもよくたたかったと思う。サービス残業をさせないため、たとえ僅かでも時間外労働を申告するようにしたり、有給休暇が本人の希望通りにとれるように要求したりした。それを職場に広げるために、まず自分からそれを実行した。私が転勤した職場では、徐々にそれが受け入れられていった。二五歳になる直前に、共産党の国会議員秘書になるために銀行を退職することになるが、その際になかなか感動的なことがおこった。

吹田支店に在職していた一九七二年一二月、総選挙で議員数が一四人から三八人（推薦候補を含めると四〇人）となり、日本共産党は大躍進した。その結果、国会秘書が足りなくなったため、私にも「秘書にならないか」という声がかかった。この年の二月に結婚していたが、妻に相談することもなく引き受けた。共産党の専従活動家になるというので、期待と緊張で胸を膨らませていた。共産党から給与をもらって党の活動に専念する専従活動家というのは、当時は「職業革命家」といわれたものである。

支店長に退職することを伝えると、うるさいのがいなくなるというので大いに歓迎され、退職当日には朝礼まで開いてあいさつの機会をつくってくれた。私が日本共産党員だということが、銀行側にはじめて公然とあきらかになった瞬間でもあった。朝礼では、支店次長が「筆坂さんが、このたび国会議員秘書になるために退職されることになりました」と紹介してくれ、私も共産党の国会議員秘書になる決意と謝意を述べた。ほとんどありえない異例のことだった。

この翌日の夕方、新大阪駅から東京に向かった。銀行が一番多忙な一月の月末だった。同じ三和銀行に勤務し、私と同様に一八歳から共産党員だった妻や友人が見送りに来てくれた。そのときまったく予期していなかったことがおこった。前年の春に吹田支店に入行した女子行員全員が仕事を抜け出し、制服の上にコートを羽織って新大阪駅まで見送りに来てくれたのだ。私にとって何よりも嬉しい出来事だった。それまでの自分の活動が間違っていなかったことを確信させてくれたからである。

銀行員時代は、銀行のなかで共産党の影響力を広げる活動と同時に、銀行の外でも選挙の支持拡大、「赤旗」の拡大に奔走した。当時、私は吹田市に住んでいたが、選挙になれば早朝、大阪市内の阿倍野区まで行ってビラを配り、そのあと吹田に戻って勤務するというような生活だった。日曜日もほとんど夫婦で党活動に時間を費やしていた。

妻は、その後、銀行を退職し上京してくるが、子どもが生まれたり、私が衆議院選挙の候補者になったり、参議院議員になったりと環境が激変するなかで、引越しは一〇回を数えた（千葉県船橋市二ヵ所、東京都清瀬市二ヵ所、埼玉県川越市、東京都新宿区二ヵ所、東京都小平市、東京都千代田区、現在川越市）。妻は勤務先も四回変わった。そのたびにその地域や勤務先の共産党支部に加わり、献身的に活動した。

共産党には、全国に約四〇万人の党員がおり、約三六〇〇人の地方議員がいる（二〇〇五年一二月現在）。もちろん個々人の活動には強弱の差がある。ほとんど党活動に参加していない党員や、「赤旗」の日刊紙を購読していない党員も少なくない。日本共産党中央委員会理論政治誌と位置づけられている『前衛』は、私が入党した頃は大半の党員が購読していたが、いまでは稀とさえいってよい。また私が離党して以降も、「離党したい。議員を辞めたい」と私に訴えてきた地方議員や専従職員は一人や二人ではない。離党を表明したため除籍された議員、退職した専従職員、離党した党員も少なくない。

その一方で、党員それぞれがそれぞれの場所で、善意の気持ちで懸命にがんばっていることもよく知っている。私も、妻も、こうした経験をしてきただけに、こつこつと地道に活動している党員や地方議員には、いまでも素直に頭が下がる思いだ。

## プライドを取り戻すための離党

そんな私がなぜ離党したのか。一言でいえば、プライドを取り戻したかったからだ。私は二〇〇三年六月、共産党のすべての役職を罷免され、参議院議員を辞職することになった。なぜそうなったのかについての詳細な経緯は、『週刊新潮』(二〇〇五年九月二九日号)の手記であきらかにした通りである。この手記に、事実関係の誤認も、偽りも一切ない。

問題の日はさかのぼって五月二六日だった。私は、私の秘書、後に私を訴えることになる女性の三人で焼肉店で飲食したあとカラオケボックスに行った。そこで三人で歌い、その女性の同意も得て何度かダンスを踊り、デュエットにも興じるなど、それぞれに楽しい時間を過ごした、つもりであった。ところがその後、その女性から、〝ダンスを踊った際、身体を強く抱きしめられた。デュエットの際、肩に回した手が腰に下りてきた。

党の大幹部にこういうことをされ大変ショックを受けた〟、という趣旨の訴えが党になされた。セクハラだというわけである。六月五日に志位和夫委員長、市田忠義書記局長、浜野忠夫副委員長の三人から調査を受け、事態を初めて知った。

私は、三人に対し、チークダンスを踊ったこと、デュエットで腰に手を回して歌ったことは事実だと認めた。これ以上でも、これ以下でもないからだ。同席した秘書も、その女性が、私が「帰ろう」と声をかけるまで、大いに楽しんでいたと証言している。それがなぜセクハラという訴えになったのか、今もって不可解というしかない。

だが、当時の私は党の最高幹部の一人であり、参議院議員でもあった。背後に何があったのか知る由もないが、こういう訴えを受けること自体、軽率、失態のそしりは免れ得ないと考えた。だから事実関係は率直に認め弁解は一切しない、その処理は党の判断にすべて委ねる、という態度をとることにしたのだ。六月九日、私も出席した常任幹部会（記録係を入れない秘密会議であった）での処分は「警告」ということであった。

ところが、六月一四日に一枚のファックスが書記局に届いた。そこには〝セクハラ議員は自民党だけではない。共産党の最高幹部にもいる。それが甘い処分で済まされようとしている。甘い処分で済ますなら、七中総を機に世間に公表する〟という趣旨のことが書かれていた。一種の「脅迫状」である。秘密会議のことが漏れているうえに、開催が迫っていた第七回中央委員会総会のことを「七中総《ななちゅうそう》」という党内用語で呼ぶなど、あきらかに党内からだと判断できるものであった。これに慌てた共産党指導部は、一六日の常任幹部会で、急遽「警告」から「罷免」に処分内容を変更した。

この変更を一七日に聞いた私は、それも即刻受け入れた。どう弁解したところで私の失態が原因なのだから、最高幹部の一人として、党への打撃を少しでも小さくしたいという思いが強かった。国民の期待を裏切ってしまうことは痛恨の極みであったが、その政治責任を明確化するのは当然だと考えた。もちろん生涯最大の無念であった。

しかし一方では、生き恥をさらさぬため死を真剣に考えた。妻にも話せなかった。ホテルにこもって妻や子供に遺書も書いた。だが死ねなかった。明後日に記者会見で発表されるという、文字通り最後の最後になって、妻に「罷免、辞職」の決定や事の経過を伝えた時、やっと生きていく決心、この重荷を生涯背負っていく決心がついた。

一連の件で私が一番辛かったのは、公職にあったものとしての説明責任を果たすことを、党から厳禁されたことだった。実は「罷免、辞職」の決定が市田、浜野両氏から伝えられた時、私自身が辞任の記者会見をせよという指示もなされていた。私は国会議員として、説明責任を果たすことは当然と考え、この指示を了承した。逃げ隠れするような無様なことだけはしたくはなかったからだ。

ところが、一八日になると市田氏から「指導部（不破哲三氏）の判断で記者会見はしなくてよい」という変更指示があった。記者会見をして色々と説明することは「事態の状況描写」をすることになりかねず、その結果、二次被害を生むおそれがあるとの理由であった。私の口は封印されてしまった。除名覚悟で記者会見を強行するという手段もとりえたが、当時の私は精神的にも追い詰められ、そこまでの判断はできなかった。

結果はどうであったか。かえってさまざまな揣摩憶測《しまおくそく》を呼び、ここには到底書くことができないような、事実無根の記事があふれてしまった。指導部の判断が二次被害を生み出したのである。世間の興味本位のたくましい想像力を助長しただけであった。それだけではない。私は〝雲隠れ〟という批判まで受けた。事情を知らない党内からすら、「なぜ記者会見しないのか」と批判され、「卑怯者」という烙印を押されてしまった。当然の批判であろう。ついに最後のプライドまでズタズタにされてしまった。私は、退職・離党する際、志位氏に「このままでは私は生ける屍」だと言った。志位氏ならわかってくれるだろうと思った。二〇〇三年八月に私が党職に復帰したとき、「辛かったろう」と目に涙を浮かべて激励してくれた唯一の幹部が志位氏だったからだ。

私は、記者会見をさせてくれるよう強く要求し続けたが、ついに認められることはなかった。共産党が私の口を封印したのは、相手の女性の二次被害を恐れてなどではない。「脅迫状」に屈して、処分を変更したことへの批判を恐れてである。浜野氏自身はっきり私に述べた。「脅迫状」を出した人物が、「もし本当に公表すれば、常任幹部会は甘い処分をしたと批判される。だから罷免に変更した」と。一切事実関係をあきらかにしない共産党の態度を、メディアは「共産党の秘密体質」と批判したが、「幹部の自己保身体質」も付け加えなければならないだろう。

程度の差こそあれ、プライドを持たない人生などありえない。そうでなければ生きてはいけないだろう。私がそれを取り戻すためには、共産党からはめられていた猿轡《さるぐつわ》をはずさなければならなかった。私は離党した。

党の要職を離れたことによって、いつしか共産党という存在と客観的に向き合うようになった。そうすると、これまでとはまったく違う視点で物事が見えるようになってきた。敢えて見ようとしなかったものから、目をそらさないようになった。これまで自明のこととし、また当然視していたことに多くの疑問を持つようになった。

「恥を言わねば理が聞こえぬ」という。これまでも恥多き人生だったが、今後もっと恥をかくのかもしれない。それでも私は、新しい眼で世界と日本を見つめたいと思う。そうすれば、必ずこれまでとは違った世界が広がってくるであろう。どんなに小さな力であったとしても新しい働きかけができるだろう。

**共産党を見つめ直す**

日本共産党は二〇〇五年の総選挙で、「たしかな野党が必要です」というキャッチコピーを掲げた。このコピーに異論はない。ただ衆参ともに九議席というのは、いかにも少なすぎる。これでは「たしかな」力には到底なりえない。一九七〇年代には、共産党が与党として参加する政権を、かすかにではあったが展望しえたときもあった。だがいまでは、国会議員の数は、ピーク時の半分以下にまで減ってしまった。「しんぶん赤旗」（以下「赤旗」という）の発行部数も同様だ。

日本共産党にすれば、いつでも正しい政策、方針を持ち、正しくたたかってきたはずだ。だが、その正しいはずの共産党がなぜ大きくならないのか、なぜ多数の国民からの支持を獲得することができないのか。よもや共産党の正しさを理解できない国民が愚昧というわけではなかろう。そうではないはずだ。であるなら、どこかに共産党が国民に受け入れられない理由があるはずだ。

日本共産党はいうまでもなく、普通の日本人によってつくられた政党である。特殊な人間の集まりでもなければ、選りすぐられた人間の集まりでももちろんない。したがって、共産党在籍中からの私の持論でもあるのだが、日本人のレベルを超える共産党などありえないのである。ところが実際には、本当の姿、等身大の共産党というものが、党外はもちろん、党内でさえ意外と知られていないように思う。

共産党のかつての選挙コピーに「澄んだ瞳で見て下さい」というのがあった。私自身の瞳が澄んでいるなどと、おごったことをいうつもりはないが、離党したからこそいえることがある。共産党の実像を紹介しておくことは、共産党の元幹部、参議院議員であった者としての責任であろうと思う。当然、そこには共産党への否定的評価もあるだろうし、肯定的評価もあるだろう。

もちろん、この作業は私自身の責任をも厳しく問うことになる。なぜなら私は、二年余前まで共産党の常任幹部会委員、書記局長代行、政策委員長であり、「ナンバー4」と呼ばれる最高幹部の一人であった。けっして他人事ではないからだ。

# 第一章　日本共産党とは如何なる政党か

## 創立八四年の最古参政党

「日本共産党」という党名を知らない日本国民はいないだろう。昨日今日出来た政党とは違って、良くも悪くも知名度は抜群である。ただ共産党がどういう歴史を持ち、何を目指し、日々どう運営され、どう活動しているのかは、存外知られていないのではないだろうか。

戦後のほとんどの時期を政権党として日本の政治を担ってきた自由民主党(自民党)が、当時の自由党と民主党の保守合同によって結党されたのは一九五五年であり、二〇〇五年には結党五〇周年を迎えた。旧社会党(現在の社民党)も左・右社会党の合同によって一九五五年に再統合されている。この自民党、社会党の二大政党体制が「五五年体制」といわれてきたものである。公明党は、一九六一年に公明政治連盟として出発するが、公明党として結党されたのは一九六四年である。現在の民主党の結党は一九九六年であり、ようやく一〇年を迎える。

すべて戦後生まれの政党である。

現在ある日本の主な政党のなかで、唯一戦前生まれの政党が日本共産党である。日本共産党が創立されたのは、一九二二年（大正一一年）七月一五日である。ロシア社会主義革命の指導者レーニンによってつくられたコミンテルン（共産主義インターナショナル）日本支部としての誕生であった。一九六一年につくられた綱領では、冒頭、次のように書かれていた。

「日本共産党は、第一次世界大戦後における世界労働者階級の解放闘争のたかまりのなかで、十月社会主義大革命の影響のもとに、わが国の進歩と革命の伝統をうけついで、一九二二年七月十五日、日本労働者階級の前衛によって創立された」

戦前は、社会主義、共産主義の運動は、治安警察法、治安維持法などによって厳しく弾圧されたため、非公然、非合法の政党としてのスタートであった。国民の前に公然と姿をあらわすのは、合法化された戦後のことである。

二〇〇六年で党創立八四年を迎える。戦前、天皇制政府の過酷な弾圧によって一〇年間にわたって中央委員会が消滅し、その機能が破壊された時期もあったが、日本の政党のなかで文句なしに一番の老舗である。もっとも歴史の古い政党ではあるが、政権の座についたことがない政党でもある。

## 党組織の頂点「中央委員会」

日本共産党の党本部は、ＪＲ山手線、総武線の代々木駅から徒歩で四、五分のところにある。日本共産党のことを「代々木」という言い方をするのはそのためだが、実際の住所は渋谷区千駄ヶ谷四丁目である。正式には、日本共産党中央委員会という。八五億円かけて新築された党本部ビルにも同様のプレートがつけられている。

全国四七都道府県の県庁所在地には、都道府県委員会というのが置かれている。「県本部」である。その下に、地区委員会という組織が置かれている。東京二三区などはそれぞれに、政令指定都市など大都市の場合はいくつかに分割して、人口の少ない市町村などは複数の行政区を一括して、地区委員会が置かれている。その数は、三一六になる。さらにこの下に、もっとも基礎となる「支部」という組織がある。私が入党した当時は「細胞」という呼称であった。『広辞苑』（岩波書店）によれば、細胞とは、「生物体を組成する構造的・機能的単位。分裂によって増殖する」とあるが、地域や企業のなかで自己増殖的に勢力・影響力を拡大していくことを目指してつけられたものであった。支部は、全国津々浦々の地域、企業内、官公庁内、大学などにあり、その数は現在約二万四〇〇〇にのぼっている。ある地域や企業、学校などに、三人以上の党員がいれば支部をつくることができる。多くの党員がいる支部では、支部長、副支部長などが選出され、支部委員会というのがつくられる。

中央委員会、都道府県委員会、地区委員会、支部委員会のことを共産党では、「指導機関」と呼んでいる。全国レベル、都道府県レベル、地区レベルそれぞれの単位で党組織を指導し、物事を執行していく指導・執行機関という位置づけである。

もちろんこれらの頂点に位置するのは中央委員会である。現行規約でも都道府県委員会に対して中央委員会が、地区委員会に対しては都道府県委員会が、「一級上の指導機関」という言い方をしている。二〇〇〇年の第二二回大会での規約全面改定までは、「党の決定は、無条件に実行しなくてはならない。個人は組織に、少数は多数に、下級は上級に、全国の党組織は、党大会と中央委員会にしたがわなくてはならない」という規定があった。しかし、「上級、下級」という言い方は、「上から下への一方通行だけで成り立っているかのような表現」だという理由で、「民主的な議論をつくし、最終的には多数決で決める」「決定されたことは、みんなでその実行にあたる」というように改定された。だがタテ構造という組織のあり方の基本が変わったわけではない。

ちなみに中国共産党規約（二〇〇二年一一月一四日採決）にも、日本共産党の改定前の規定とほぼ同文の次のような規定がある。

「党員個人は党の組織に服従し、少数は多数に服従し、下級組織は上級組織に服従し、全党のあらゆる組織と全党員は全国代表大会と中央委員会に服従する」

日本共産党は、「前衛」規定も前記の規約全面改定の時に削除したが、中国共産党規約はいまも「中国共産党は中国労働者階級の前衛部隊であると同時に、中国人民と中華民族の前衛部隊」と規定している。

富山大学教授であった藤井一行氏によれば、もともと日本共産党の規約は、「スターリン時代のソ連共産党の規約と毛沢東時代の中国共産党の規約にならって制定されたもので」あり、「レーニン時代の共産党の規約には、みずからを前衛として特別に位置づける規定もありませんでした」（松岡英夫・有田芳生編『日本共産党への手紙』教育史料出版会）ということである。

少し横道にそれたが、指導機関のなかで独自に事務所を構え、党から給与を受け取って活動する常勤者を置いているのは、地区委員会までである。党内では、これら常勤者のことを「常任活動家」とか「専従活動家」という言い方をしている。中央委員会から地区委員会までの常勤者の数は、私もよく知らないが、おそらく二千数百人程度の規模ではないかと思う。これだけの常勤者を抱えている政党は、日本では共産党以外にはないであろう。

中央委員会には、数々の専門部局が設置されている（次ページ組織図参照）。国際活動をおこなう国際局、私も責任者を務めたことがある政策委員会、労働者、農民、中小業者などの運動に取り組む国民運動委員会、党勢拡大に取り組む党建設委員会、財政をあつかう財務・業務局、不破氏が所長を務める社会科学研究所など、二〇を超える部局が設置されている。

その他にも、党内外からの党機関や党員、党活動への批判や訴えを聞くための訴願委員会、党員の規律違反について調査・審査する規律委員会、党の予算執行や財産を監査する監査委員会、党の最高幹部のための秘書室、右翼などの妨害、暴行から幹部を防衛し、公安情報などを把握するための部署も置かれている。党内では「第二事務」と呼ば

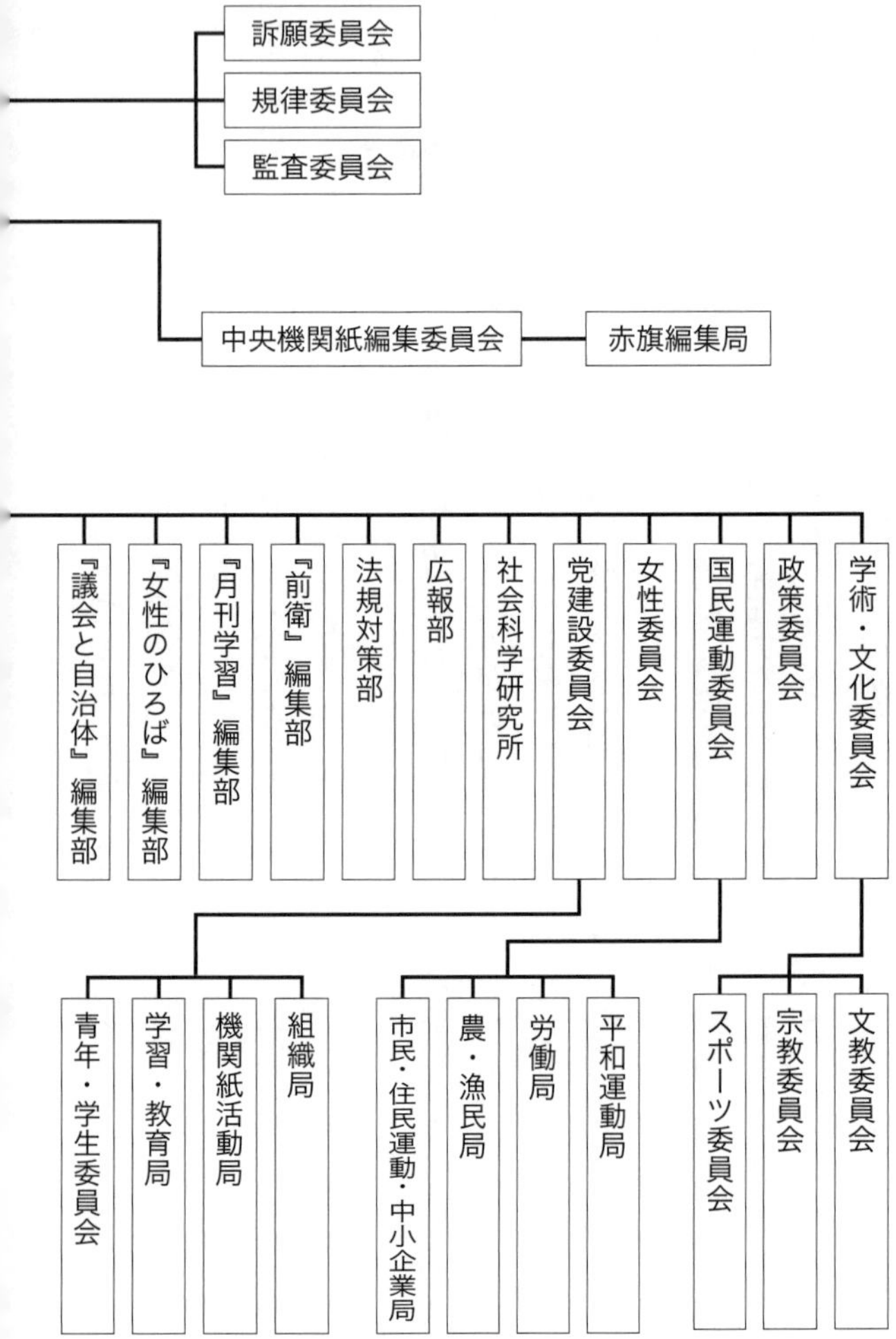
訴願委員会
規律委員会
監査委員会
中央機関紙編集委員会
赤旗編集局
学術・文化委員会
政策委員会
国民運動委員会
女性委員会
党建設委員会
社会科学研究所
広報部
法規対策部
『前衛』編集部
『月刊学習』編集部
『女性のひろば』編集部
『議会と自治体』編集部
文教委員会
宗教委員会
スポーツ委員会
平和運動局
労働局
農・漁民局
市民・住民運動・中小企業局
組織局
機関紙活動局
学習・教育局
青年・学生委員会

日本共産党組織図

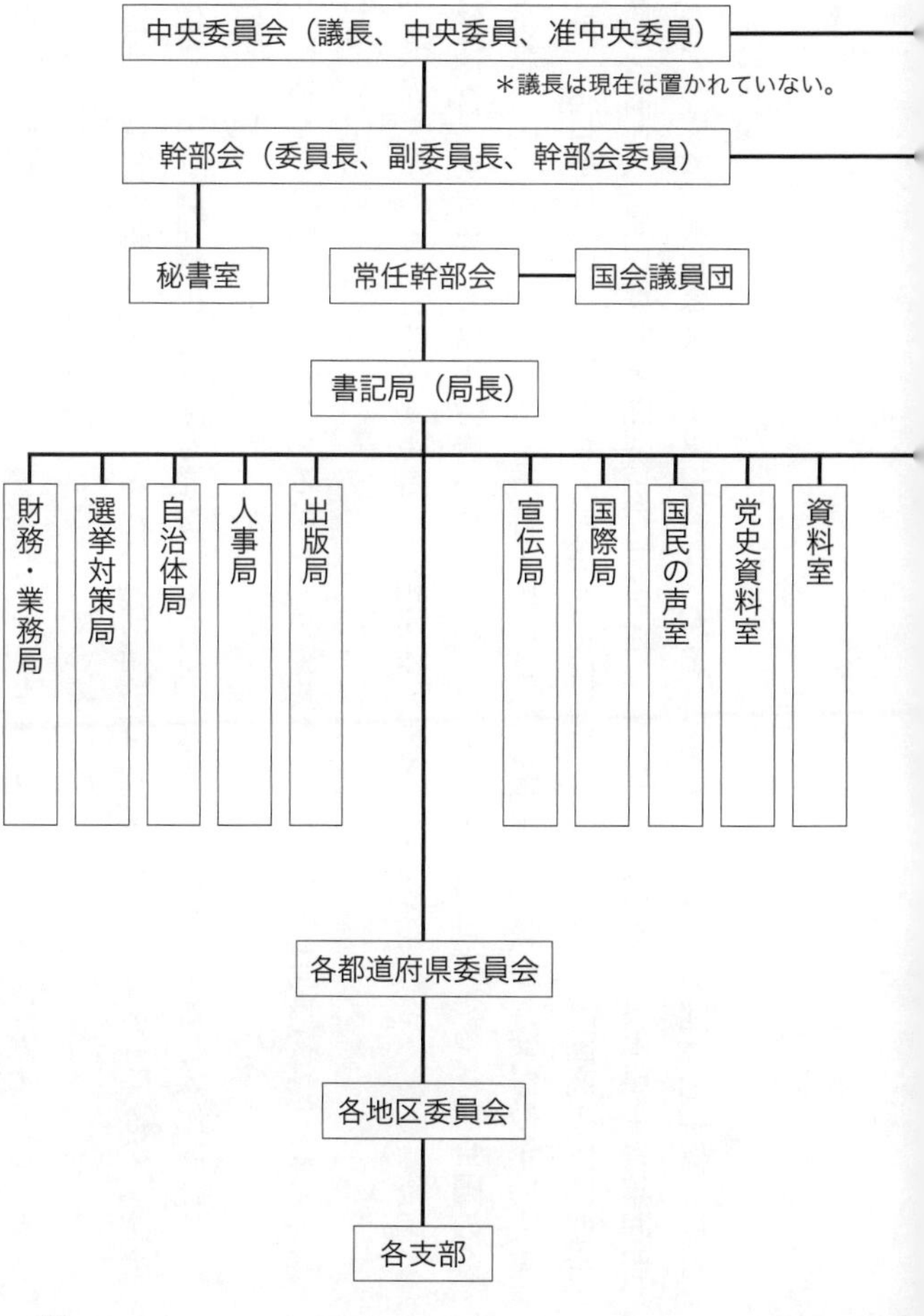
中央委員会（議長、中央委員、准中央委員）
＊議長は現在は置かれていない。
幹部会（委員長、副委員長、幹部会委員）
秘書室
常任幹部会
国会議員団
書記局（局長）
財務・業務局
選挙対策局
自治体局
人事局
出版局
宣伝局
国際局
国民の声室
党史資料室
資料室
各都道府県委員会
各地区委員会
各支部

れていた。他の政党の党首などは、警察のSP（セキュリティポリス）にガードしてもらっているが、共産党の場合は自前でおこなっている。

また日刊、週刊の新聞「赤旗」の発行、『前衛』『月刊学習』『女性のひろば』『議会と自治体』という四種類の月刊誌も発行している。共産党系出版社の新日本出版社からは『経済』という月刊誌も発行されている。

これら全体を日常的に統括しているのが中央委員会常任幹部会（党内では「常幹《じょうかん》」と呼ばれている）と書記局である。

また、共産党系といわれる労働組合、平和団体、市民団体などが数多くある。全国労働組合総連合（全労連）と傘下労働組合、平和・民主・革新の日本をめざす全国の会（全国革新懇）、原水爆禁止日本協議会（日本原水協）、日本平和委員会、安保破棄中央実行委員会、全日本民主医療機関連合会（全日本民医連）、民主商工会・全国商工団体連合会（民商・全商連）、農民運動全国連合会（農民連）、新日本婦人の会、日本民主青年同盟、消費税をなくす会、新日本スポーツ連盟などがそれである。これらの団体の中枢には日本共産党員が座っている。

## 時間をかけて選出される党幹部

公平、平等な社会をめざしているはずの日本共産党だが、幹部会、常任幹部会という言葉が正規に使われているように、「幹部」という言葉を多用する組織である。中央、県、地区、支部に至るまで指導機関のメンバーは、中央幹部、県幹部、地区幹部、支部幹部と呼ばれる。

二〇〇〇年一一月の第二二回党大会で規約の全面改定がおこなわれたことは前にも述べたが、改定案を審議した常任幹部会で、私は「幹部という言い方は、一般の党員と区別している感じがして、偉そうで語感もよくない。たとえば幹事という表現に変えたらどうか」という提案をした。しかし、不破哲三氏（当時幹部会委員長）に退けられた。いまから思えば、退けられたのは当然のことだったと思う。「幹部」という言葉は、単なる表現ではなく、共産党という組織の本質にかかわる問題だからである。

先にも述べたように、日本共産党はもともとコミンテルン（共産主義インターナショナル）日本支部として誕生した。このコミンテルンへの加入には、「共産主義インタナショナルに所属する党は、民主主義的『中央集権制』の原則にもとづいて建設されなければならない。現在のような激しい内乱の時期には、党がもっとも中央集権的に組織され、党内に軍事的規律に近い鉄の規律がおこなわれ、党中央が、広範な全権をもち、全党員の信頼をえた、権能のある、権威ある機関であるばあいにだけ、共産党は自分の責務をはたすことができるであろう」（日本共産党中央委員会出版部刊『日本共産党綱領集』所収の「共産主義インタナショナルへの加入条件」）など、さまざまな条件がつけられていた。

またコミンテルンと日本共産党の代表によってつくられた「二七年テーゼ」（日本問題にかんする決議）には、「労働者階級は、そのもっとも先進的、革命的、意識的、組織的な部分たる共産党の指導下においてのみ、勝利を確保することができる」「思想的に鍛錬された大衆的共産党なくしては、プロレタリア革命の勝利は不可能である、というレーニンのテーゼが絶対的に正しい」などと記されていた。

「日本共産党規約」でも、二〇〇〇年の改定まで、「敵に屈服し、または敵の陰謀におちいり、（中略）党と階級の利益を裏切るような行為は、共産党員として最大の恥辱であり、最大の犯罪である」と規定してきた。天皇制政府の弾圧や官憲の弾圧に対抗するため、まさに「軍事的規律に近い鉄の規律」を持った組織としてつくられてきたのが日本共産党である。軍隊に「職業軍人」が不可欠であるように、共産党も「職業革命家」、すなわち全体を指揮する幹部の集団を意識的につくりあげてきたということであろう。

たとえば、ソ連・東欧の体制崩壊に直面した一九九〇年七月の第一九回大会決定では、「日本共産党の幹部政策について」という項目をたて、「国際的な激動にたえうるわが党の路線と活動は……内外の複雑な諸問題に機敏で正確に対応してきた熟達した幹部の集団があってこそ」と述べている。また二〇〇六年一月の第二四回党大会決議でも「若い機関幹部の計画的・系統的養成」とか「党機関の体制を強め、指導水準を高め、機関幹部の保全をはかる」ことを強調している。

これら指導機関のメンバーの選出だが、規約によってすべて選挙で選出することになっている。中央委員の場合は全国から代議員が集まっておこなう党大会で、都道府県委員は都道府県党会議で、地区委員は地区党会議で、支部委員は支部総会（支部党会議）で、それぞれ選挙によって選ばれる。

日本の他の政党は党大会を毎年一回おこなっているが、日本共産党の場合は二年、または三年に一回開くことになっている。毎回、熱海に近い伊豆多賀にある共産党の専用施設「伊豆学習会館」というところに約一〇〇〇人の代議員を集めて、数日間から長いときには一週間程度かけておこなわれる。大会の裏方である要員を含めると一五〇〇人ほどの党員がこの場所に集結する。日本共産党の最大のイベントといってよい。

二〇〇六年一月の第二四回党大会に先立ち、前年一一月中旬には大会決議案が「赤旗」を通じて全党員に示され、これにもとづいて支部、地区、県という順序で党会議がおこなわれ、順次代議員が選出されていく。

まず支部総会で地区党会議に出席する代議員が選出される。次に、地区党会議にて、都道府県党会議に出席する代議員が選出される。次に、都道府県党会議がおこなわれて、党大会に出席する大会代議員が選出される。この間、一カ月間ぐらい、日曜日ごとにこうした会議が催されるわけである。この一連の会議を総称して「上りの党会議」と呼んでいる。

その最終地点が、規約で「党の最高機関」と位置づけられている党大会であり、ここで新しい中央委員が選出される。ただ、党大会は百数十名の中央委員を選出するにとどまる。中央委員会議長や幹部会委員長、書記局長などの役職は、中央委員会総会、または幹部会で選出される。自民党や民主党のように、党員が党の代表を直接選挙で選ぶという制度は採用されていない。

党大会の進行は、入れ子構造でやや特殊である。中央委員を選出したのち、党大会を暫時休憩にして、その間に中央委員によって第一回中央委員会総会（党内では「一中総《いっちゅうそう》」

と呼ばれている）がおこなわれる。一中総では、中央委員会議長（規約上、必置ではない）、幹部会委員長、書記局長、幹部会副委員長、幹部会委員などの幹部が順次選出される。次に、一中総を暫時休憩にして、幹部会委員による第一回幹部会にて、常任幹部会委員を選出、書記局員、中央機関紙編集委員が任命される。幹部会が終了すると一中総を再開し、そこで訴願、規律、監査の各委員が任命される。一中総が終わると、再開された党大会でここまでの決定事項が報告され、党大会が終了する。

このあと「下り」と呼ばれる党会議が、今度は逆コースで順次進められていく。党大会後、ただちに各都道府県の党会議で新しい都道府県委員が選出される。次に地区党会議、支部総会と順次おこなわれ、地区委員、支部委員が選出される。

共産党によるとこの過程全体が、組織原則である「民主集中制」の素晴らしさを物語っているという。

不破氏自身、二〇〇〇年の党規約改定報告で、「今回の党大会でも、大会の議案を発表してから大会を開くまでに二カ月間にわたる全党的な討論をおこないました。すべての支部、すべての地区委員会、すべての都道府県の委員会が党会議を開いて討論をつくしました。（中略）大会自体も、きょうから五日間の予定で開き、そこで大会としての討論をつくして党の意思を決定します」「民主集中制の組織原則をもった党というのは、党内の民主的討論にもっとも力をつくす党であります」と民主集中制を大いに誇っている。

### 党運営の要「常幹」

党を日常的に動かしているのは常任幹部会（常幹）である。規約上は、大会と大会の間の指導機関は、中央委員会である。中央委員会総会と次の中央委員会総会の間は、幹部会が党中央の職務を遂行する。その幹部会の職務を日常的に遂行するのは常任幹部会となっている。したがって、結局、常任幹部会が実権を握っている。

常任幹部会は、毎週月曜日の午前一〇時半から開かれ、一二時半か午後一時頃までおこなわれる。主宰者は、幹部会委員長である。ここで国会での対応、政策問題、党勢拡大、国際活動、国・地方の選挙対策、「赤旗」の編集、財政や規律違反問題など、およそほとんどすべての問題が審議され、方針が決められていく。企業の重役会のことは知らないが、企業でいえば常務取締役以上が集まる重役会のようなものではないかと思う。

翌日の火曜日には、この会議の内容が幹部会委員長の責任で「常任幹部会報告」（党内では「常幹メモ」と呼ばれている）としてまとめられ、書記局員、党本部の各部局の責任者、都道府県委員長に回付される。そして各都道府県の委員長から地区委員長へと「常幹メモ」の内容が順次伝達され、全党に徹底されていくのだ。また党本部でも各部局の部員、「赤旗」編集局の記者などに報告され、徹底されていく。

書記局という機構もあるが、ここが常任幹部会から自立して何かをすることはない。あくまでも常任幹部会の指導下で常幹決定の執行など、日常的な処理をすすめるというのが書記局の役割となっている。

組織というのはどこでもそうなのかもしれないが、共産党は本当に会議好きだ。常幹だけではなく、書記局会議、各部局の会議、都道府県、地区の常任委員会の会議が毎週おこなわれる。中央、都道府県、地区まではメンバーが常任活動家で組織されているので、会議は定期的に開催されている。

問題は支部である。さまざまな職種、階層の人がいる支部では、場所の確保、時間設定など会議開催がなかなか困難なのである。規約では「支部の会議を、原則として週一回定期的にひらく」ことを義務づけているが、第二四回大会決議によると定期的に会議をおこなっている支部は、一九％ということである。

## 党がすべて指名する議員候補

私が日本共産党に入党したとき、国会議員になるなどということは夢想だにしなかった、と書いたが、共産党議員のおそらくほとんどの人がそうであろう。これは自民党や民主党など、他党との決定的な違いの一つである。これらの党は、共産党のあり様とは正反対に、議員になるために入党するというのがほとんどである。二〇〇五年の総選挙の「刺客」候補も、「刺客」に決まってから入党したというのがほとんどだろう。

地域であれ、企業のなかであれ、大学であれ、どこで日本共産党に入党しようとも、原則としていずれかの支部に所属することになる。入党すれば、「赤旗」の発行部数を増やす運動、新聞代を集金する仕事、選挙活動、あるいはさまざまな要求運動、政治的運動への取り組みなどに参加し、党の影響力を広げていくことが義務づけられている。これらについて特別扱いは基本的にはない。

もちろん東大や京大などの党組織の党員は、将来の幹部候補生として特別に重視されてはいるが、一連の日常活動が免除されるわけではない。こういう活動に献身的、自己犠牲的に取り組むことが、共産党員らしい姿だとされているのだ。私自身もそうだったが、こういう活動に生きがい、やりがいを感じて入党してくるわけで、はじめから立身栄達を考えて共産党に入党する人はいない。

以前は、規約に「党員は、全党の利益を個人の利益の上におき、だれでも党の上に個人をおいてはならない」という規定があった。この規定はなくなったが、この精神は生きている。「自我を抑制する」というのが党員の一つの美学になっており、「私は議員になりたい」などという党員の存在は、そもそも許されないのである。

したがって共産党の場合、あくまで党から与えられた任務として議員候補になり、結果として当選すれば議員になるわけである。逆に党から引退を迫られれば、当然、それに従うことになる。言うことを聞かずに立候補すれば、除名などの処分を受ける。

では議員候補をどこから、どうやって選ぶかといえば、ケースはさまざまだ。いまの国会議員でいえば、大半が常任活動家出身である。私もそうだった。落選することが確実な衆議院小選挙区候補などは、落選しても生活に影響がない常任活動家がほとんどすべてである。参議院比例の場合も大半が落選確実なので、同様の選び方になる。当選の確率が高い地方議員の場合には、常任活動家でない人から選ばれるケースも少なくない。

私が初めて選挙に出たのは、国会議員秘書時代の一九八三年の参院選挙だった。この選挙は初めて比例代表制が導入された選挙だったが、当時の緋田吉郎選対局長（故人）

から、「心配しなくても君は絶対当選しないから。あくまでも応援団だから」と〝励まされた〟ものである。当時の私は、こういう言い方にもまったく反発など感じなかった。そういうものだと割り切っていたのだ。

候補者の選定基準は、かならずしも一様ではなく、熱心に活動している党員、力があると思われる党員、得票力があると思われる党員など、ケース・バイ・ケースである。いずれにしても候補者は、すべて党が指名して決めることになる。したがって選挙費用も原則としては、党がすべてを負担する。ただ国会議員の場合には、歳費管理がなされ選挙費用の一部に充てられている。地方議員も歳費が高いところは、その一部を選挙費用として積み立てている。

## 「調査の共産党」を支える秘書軍団

田中金脈事件、ロッキード事件、KDD汚職、KSD汚職、内閣官房機密費問題、ムネオ事件等々、日本共産党が抜きん出た調査力を発揮した汚職・腐敗事件は多い。

日本共産党は、大企業や官公庁のなかにも党組織があることから、日常的に機密情報が党本部に流れる仕組みがあるかのように思われている。だが情報が提供されることは皆無ではないが、組織的、系統的にそういうシステムがつくられているわけではない。

多くの場合、秘匿されている大企業の党組織とは、私が参議院議員、常任幹部会委員であった当時でも、勝手に接触することはできなかった。その党組織を統括している地区委員会の了解なしには会えないのだ。また官公庁の場合には、党員であろうと思われる労働組合の役員と会うことはあっても、それは党員としてではなく、あくまでも労組役員としてであった。大企業であれ官公庁であれ、そこでの党員や党支部の任務は、国会論戦に貢献することではなく、あくまでその企業なり組織のなかで党の影響力を広めていくというのが第一義であったからである。

疑獄事件など大きな事件や政治問題が発生すると、共産党内にこれを追及するプロジェクトチームがつくられる。案件によっては、「赤旗」記者もこのプロジェクトチームに参加する。私自身、秘書時代には田中金脈事件、金大中事件、ロッキード事件などのプロジェクトチームに加わった。議員になってからは、ほとんどのプロジェクトチームの責任者、あるいは事務局長をしていたが、第一級の資料や情報を入手するというのは、けっして簡単ではない。

私の経験でいえば、調査が成功するために必要なのは、誰でも手に入れられる資料の丹念な収集と分析、現地調査を含む幅広い関係者への接触、貴重な情報へのアンテナの敏感さ、有能な秘書の存在、ということになると思う。

たとえば政治資金の調査である。情報公開法により二〇〇一年四月からは手数料、コピー代を支払えば資料を入手できるようになったが、総務省の決裁に一週間から一〇日間もかかるので急ぎの調査には間に合わない。急ぎの時には、人海戦術で書き写す以外にない。ＫＳＤ事件やムネオ事件では、この調査を徹底的に行なうために、連日十数人の秘書が総務省で書き写し作業に没頭した。ここから疑惑にかかわる政治資金を抽出し、それを質問資料につくりあげていくのである。間違いを犯さないために、人を替えて正誤チェックもしなければならない。ムネオ事件では、多い時には参議院の共産党控え室に三〇人ぐらいの秘書を集めてチェック作業をしたこともある。動員した秘書の数は、延べにすれば数百人にのぼるだろう。

こういう調査が可能なのは、秘書が議員個人の採用ではなく、党の採用だからである。自分の秘書が自分の仕事ではなく、プロジェクトチームの仕事にとられてしまうので不平・不満を言う議員もいたが、それを抑えるのが私の役目の一つでもあった。

幅広い関係者との接触ということでは、「赤旗」記者の役割も大きかった。「赤旗」には、一般紙と比較すれば陣容ははるかに少ないが、政治部、社会部、経済部など二三の部、九つの地方総局があり、ワシントンDC、パリ、ロンドン、ベルリンなど一〇カ国に一二人の特派員も配置している。ここからの情報提供や接触の広がりも調査活動に大いに貢献した。たとえば二〇〇一年二月二八日、KSD事件で後に逮捕されることになる村上正邦氏（当時参議院議員）の証人喚問が参議院予算委員会であった際、尋問には私が立ったが、「赤旗」記者の紹介でKSD関係者に会えたことが大いに役立った。

それ以外にも、貸し渋り、貸しはがしなどの金融問題では銀行の党組織、サービス残業などでは当該大企業の党組織と接触して、内部資料や情報を収集する。また約三六〇〇人の地方議員も貴重な情報源である。ムネオ事件では、共産党の根室市議会議員団の協力がなければ「ムネオハウス」の追及はありえなかった。「ムネオハウス」という言葉も、そこに「鈴木さん、あなたは私たちの友達です」と書かれた写真も、すべて根室の市議会議員が入手し提供してくれたものだった。

情報への敏感さも重要だ。二〇〇一年八月二八日、私が九月におこなわれる根室市議会議員選挙のために応援に行ったことが、ムネオ事件の端緒をつかむきっかけになった。

北方領土返還運動の中心的な存在ともいえる千島歯舞諸島居住者連盟（歯舞、色丹、国後など千島に住んでいた人たちで結成）の方々と懇談した際、「旧島民の高齢化がすすんでいるが、島への墓参の船はカイコ棚のようなベッド。そのうえ乗り降りも縄梯子で危険だ。何とかならないか」という切実な訴えとともに、「その一方で『北方支援』ということでロシア人には船を二隻もつくってやっている。ところがそのうちの一隻『友好丸』がロシアから受け取りを拒否され、三カ月も雨ざらしになっている。いったい何のためにつくってやったのか」「二億円もかかったというが、そんなにするわけがない」「つくったのは根室造船だが、社長は鈴木宗男後援会の幹部だ」などという話がもたらされたのである。

私は、これは必ず問題にする時期がやってくると考え、すぐに根室造船に向い、陸揚げされている「友好丸」を写真におさめてきた。ただ鈴木議員は、当時、非常に力があったので中途半端な材料では返り討ちになると考え、内々に調査だけはすすめていた。この時には、まさか半年後に、アフガニスタン復興支援会議へのNGOの参加をめぐって田中眞紀子外相、外務省、鈴木宗男議員が対立し、鈴木議員の力が急速に衰えていくことになるとは想像もしなかった。まさに〝時は来たれり〟だった。

有能な秘書の存在という点では、私は恵まれていた。酒井保次氏は私の初当選以来支えてくれた秘書だったが、実力はピカ一だった。酒井氏は北海道出身で、私の秘書になる前は、参議院北海道選挙区選出議員の秘書をしていた。ムネオ事件での独壇場ともいえる共産党の追及は、彼の存在を抜きにはありえなかった。彼の指揮下で地道な政治資金調査を嫌がらずにおこなった秘書、恐いもの知らずでどこにでも出かけて行く秘書、外務省をねちねち締め上げて資料を提出させる秘書等々、まさに「調査の共産党秘書軍団」といえるものであった。

ただこうした有能な「秘書軍団」の中核を構成していた少なくない秘書が、私の罷免・辞職後、離党、あるいは退職し、また残った人も意に反して地方にやられ、国会にはほとんど残っていない。酒井氏も、私に対する中央委員会の処分に抗議して退職・離党してしまった。本当に申し訳ないことをしたと思っている。

## 年間収入は三〇〇億円

日本の政党のなかで、企業献金も、政党助成金も受け取っていないのは日本共産党だけだ。共産党はこれを大いに誇りにし、セールスポイントの一つにしている。ではどうやって党財政を賄っているのか。二〇〇四年政治資金収支報告からそれを見てみたい。

まず一つ目が、規約で各党員の実収入の一％となっている党費である。その合計額は一一億円強で全収入の三・八％を占めている。二つ目が、個人献金である。この額も一一億円強で、全収入の三・七％となっている。三つ目が、最大の収入源である新聞「赤旗」や雑誌の売り上げである。これが二五一億円強、全収入の八三・六％を占めている。「赤旗」が共産党の財政を支えていることが一目瞭然である。ただこれはあくまでも売り上げであって、発行経費も約一八〇億円かかっており、実収入はこれを差し引かなければならない。

その他の収入や借入金などを合わせると、年間の収入総額は約三〇〇億円となる。同時期の自民党の収入が約二二一億円、民主党が一四一億円、公明党が八四億円、社民党が一八億円なので、日本の政党のなかで収入はトップである。

自民党は収入の約六割、民主党は八割以上が政党助成金で占められていることから、共産党は、自民党や民主党は「『国営政党』というべき存在に身を落としている」「国民に財政的な根をもたない政党へと堕落している」と厳しく批判する。一方、自らについては、「党と国民との結びつきを財政の面からも強め、わが党の発展の大きな生命力となっている」と自負している。

## 路線論争は過去の話

共産党というと、マルクス主義、あるいはマルクス・レーニン主義（日本共産党は「科学的社会主義」と呼んでいる）というように、「主義」、つまり理屈が前面に出てくる政党である。それゆえ、世界の共産党で繰り広げられた党内対立同様の「路線論争」が、日本共産党内にもあるのではと見る向きも多いのではないか。しかし、残念ながらというか、現在そのような路線抗争はない。

いまの基本路線が確立するのは、宮本顕治氏が書記長をつとめていた一九六一年の第八回党大会である。一九五八年の第七回党大会では、日本の当面する革命は社会主義革命か、それともまずは資本主義の枠内での民主主義革命（アメリカ帝国主義の支配と日本独占資本の支配を打倒する反帝・反独占の民主主義革命と言われた）を成功させ、その後、連続的に社会主義革命を目指すか、で激しい路線論争があった。このため第七回大会では綱領を確定することができず、第八回大会まで持ち越された。

この時に後者の主張をしていたのが、宮本氏らであった。結局三年間の論争と闘争を経て、「まずは民主主義革命を」と主張する宮本氏らの路線が選択されることになる。

それが一九六一年である。この時以来、日本共産党には路線上の論争・対立はない。宮本氏が、以来四〇年近くトップに座り続けてきたのだから当然のことだ。

一九六一年に確定されたこの綱領は、その後、宮本氏の後継者である不破氏の主導によって、二〇〇四年の第二三回大会で全面改定される。旧綱領の「正確さ、的確さは、それ以後四十年を超える情勢の進展とわが党の活動のなかで実証されてきました」、新綱領も旧綱領の「基本を引き継ぎながら……前進させたもの」と説明した不破氏自身が、最近まで長期にわたり党のトップであったのだから、路線論争など起こりようがないのである。

## 日本共産党は何を目指しているのか

日本共産党は、その名前が示す通り、終局的な理想は、社会主義・共産主義の社会を実現することである。綱領には、「発達した資本主義の国での社会主義・共産主義への前進をめざす取り組みは、二一世紀の新しい世界史的な課題」とある。「前進をめざす取り組み」が二一世紀の課題なのだから、実現は二二世紀か、二三世紀か、ともかくはるか遠い彼方にあるという考えなのであろう。

理想はともかくとして、日本共産党が現実に目指しているのは「資本主義の枠内で可能な民主的改革」であり、この改革を実行する政府を「民主連合政府」と命名している。ちなみに民主連合政府というのは、日本共産党だけではなく、その他の党派との連立政権ということである。日本共産党は、資本主義段階での民主的改革の時期だけでなく、未来社会と位置づける社会主義・共産主義の段階でも連立政権を想定している。旧ソ連や東欧諸国、中国、ベトナム、キューバ、北朝鮮など、社会主義を看板に掲げている国は、すべて一党独裁体制、あるいは事実上の一党独裁体制をとってきたが、日本共産党は少なくとも綱領上は、すべての段階で単独政権を排除している。

では具体的には、民主連合政府はどういう改革をすすめるのか。綱領では次の三つの目標を掲げている。①安全保障・外交分野では、日米安保条約を廃棄し、米軍基地をなくし、非同盟・中立の日本にする。②経済分野では、大企業の横暴をおさえて、国民の生活と権利を守る民主的なルールを確立する。③憲法・民主主義の分野では、憲法改悪を許さず、民主主義が確立し、軍国主義の心配のない日本にする。

この実現のために、二一世紀の早い時期、すなわち二〇五〇年までに民主連合政府を樹立することを目指しているのだ。二〇〇六年一月の第二四回党大会でも、「自民党政治の危機とゆきづまりは、外交でも、内政でも、最も深刻な段階をむかえている」「日本の情勢は、古い政治の枠組みを打開する新しい政治を切実にもとめる、歴史的時期をむかえている。日本共産党が前大会で決定した新しい党綱領と日本改革の方針は、その道をしめすものである」と大変威勢が良い。

ただ最盛期には公称三五〇万部程度の発行部数だった「赤旗」が半分以下の一六四万部にまで落ち込み、一番の基礎組織である支部も数年前までは公称二万六〇〇〇支部だったものが、二万四〇〇〇支部にまで落ち込んでいる。そこで党勢の減退傾向から増勢に転じるため、「党建設の根幹」と位置づける党員拡大と、「党活動の中心」と位置づける「赤旗」の講読者数拡大にもっとも力を入れている。

この活動の先頭に立つのが、全国各地、あるいは大企業、学校、官公庁など、さまざまな組織のなかにある共産党支部の党員である。「赤旗」の配達・集金、入党工作、「赤旗」の講読拡大、選挙の支持拡大、ビラ配り、ポスター貼り、生活相談活動、演説会へのお誘い、共産党後援会の仕事、憲法九条改悪反対の運動、米軍基地反対運動、あげればきりがないほどの多くのことを公称四〇万人の党員はおこなわなければならない。

まさに地べたを這いずり回るかのような党員の活動が共産党を支えているのである。

# 第二章　革命政党の実像

## 給与遅配も珍しくない地方組織

第一章は、いわば日本共産党のプロフィールの紹介であった。ただ往々にしてプロフィールというものは、自身を実物以上に飾り立てたり、逆に不都合な部分には触れなかったりするものだ。日本共産党もしかりである。そこで第二章以降は、この党の表向きの取り繕った姿ではなく、その実像、等身大の姿をご紹介していきたいと思う。

まず手始めは党財政である。「日本共産党の財政は豊かだ」という指摘は、共産党を攻撃する材料として頻繁に利用され、実際そう思っている国民も少なくない。

そう思われる最大の原因は、前章でも触れた政治資金収支報告にある。一番新しい二〇〇四年分の政治資金収支報告によると、自民党の総収入が約二二一億円なのに対し、日本共産党は約三〇〇億円である。この数字が一人歩きするために、「日本共産党は金持ち」という誤解が生まれている。だが実態は違う。この総収入には、新聞「赤旗」や雑誌の売り上げも入っている。二〇〇四年分でいえば、三〇〇億円のうち約二五一億円がそれらの販売収入であるが、印刷代、紙代などのコストが約一八〇億円もかかっている。自民党の企業献金や政党助成金のように、コストのかからない収入とはまったく違うわけである。

日本共産党はけっして豊かではない。それどころか、財政的なピンチを迎えている。

各年毎の収支を見てみると、二〇〇〇年から収支が毎年赤字に転落している。二〇〇〇年が約一二億円、二〇〇一年が約七億円、二〇〇二年が約一四億円、二〇〇三年が約九億円、二〇〇四年が約二四億円の赤字である。わずか五年でその累積額は約六六億円にもなっている。平均すれば月一億円を超える赤字になっているということである。

最大の原因は、「赤旗」の発行部数減少である。「赤旗」の日刊紙は発行部数が三〇万部程度でありながら、北海道から沖縄までの全国紙としての役割を果たさなければならないため、従来から赤字であった。その赤字分を穴埋めし、なおかつ党の活動資金を供給してきたのが、週一回発行される「赤旗日曜版」だった。その頼みの綱の「日曜版」の部数が、日刊紙と同様減少しているのだ。

また地方の党組織の財政も厳しい。私も旧知の間柄である地方の常任活動家の一人が、年末、私の友人に電話をしてきた。「まだ一二月分の給与が出ていない。給与を払うための金を貸してもらえないか」と頼んできたというのである。地方の少なからぬ地区委員会では、以前から給与の「遅配」「欠配」というのが珍しくない。「遅配」というのは、給与の支給が一月、あるいは二月遅れることである。「欠配」というのは、支給されないままということである。

月々の給与でそうなのだから、ボーナスを出そうとすれば地区委員長によほど金集めの才覚がなければならない。また、少額でも退職金と呼べるようなものが出ているところは、地方の党組織にはほとんどないはずだ。だから党内では以前から、「常任活動家の妻は教師か、看護婦でなければやっていけない」と言われてきた。公表されていないが、国債で返還される選挙の供託金に手をつけてしまい除名になった県の幹部もいるのだ。

**募金責めの一般党員**

日本共産党は、企業献金、政党助成金を受け取っていないことを大いに誇っていることとは前章で述べた。政党助成金はともかく、企業献金を受け取らないのは立派だと思う。企業献金が多くの腐敗、汚職事件の温床になってきたことは間違いないからである。

だがその代わりに、一般党員は募金責めにあっている。党中央だけでも選挙募金、年末募金、夏季募金、党本部建設募金などがある。それに最近は「衆議院小選挙区選挙供託金支援基金」が加わった。二〇〇五年の総選挙では、候補者を擁立した二七五選挙区のうち二二三選挙区で供託金没収となった。その額は六億六九〇〇万円である。ほとんどが没収される小選挙区立候補のための供託金を、またまた党員に求めるわけである。

募金は党中央だけではない。都道府県段階でも、地区委員会段階でも、選挙のため、常任活動家の給与を支払うためなど、さまざまな名目で募金活動がおこなわれている。

多くの共産党後援会が、みかん、新巻鮭、もち、アジのひらきなどの販売で資金稼ぎをし、それを共産党に募金している。私が衆議院東京一区の候補者だった時代にも、筆坂秀世事務所と日本共産党東京一区後援会、千代田・新宿・港の各地区後援会が共同して、アジのひらきを大量に仕入れ、党員、後援会員、共産党支持者に購入してもらい、その販売利益を活動費にあてていた。

最近離党したという女性は、「政党助成金を受け取らないと体裁のいいことを言っているけど、党員からは顔を見ればお金を出せ、暮れにはお餅やみかんを買えと言ってくる。党員からの血のにじむ献金で成り立っているだけではないですか。こんなことは自慢できることではありません」と、Eメールを通じて私に怒りをぶちまけた。

そんななか、党本部は八五億円も投じて新しいビルを建て、伊豆にある幹部専用の別荘をはじめ相当の資産を保有し、こうした資産を管理する別会社もつくっている。末端の党組織の現状とはあまりにも乖離が大きい。ある地方の地区委員長が新しい党本部ビルの見学に来て、「二度と募金はしない」と語ったという話を聞いたが、そう思うのも無理はない。

こういう党員、支持者の声を共産党指導部はどう受けとめているのであろうか。

### 政党助成金を受け取れば楽になる

日本共産党が政党助成金を受け取らないのは勝手だが、政党助成金を「憲法違反」とするのはいかがなものか。「国民にたいする強制的な政治献金であり、憲法が定めた政治信条の自由をおかすもの」(不破哲三・井上ひさし『新 日本共産党宣言』光文社)であるというのが、その理由だ。

たしかに、いまの政党助成金は年間三〇〇億円以上であり、巨額すぎる。また使途も飲み食いに使おうが、仮に選挙の買収費用に使ったとしても政党助成法上はなんの規制もない。発覚すれば公職選挙法で罰せられるだけである。多くの問題があることは事実だ。しかし、はたして憲法違反といえるのだろうか。政党助成金の配分は、二分の一が獲得議席数、残りの二分の一が得票数に応じて分配される仕組みになっている。完璧と言わないまでも、ともかく民意を反映して配分されているのである。

たしかに、小選挙区の議席が第一党に配分されるため、第一党有利であることは事実である。選挙に行かない人の民意が反映されていないという理屈もある。前者で言えば選挙制度の問題であり、いかなる選挙制度でも〝死票〟はあるのであり、その意味で言えば完全な民意の反映というのは不可能である。後者で言えば、選挙に行かなかった人が、「私は選挙に行っていないので、自分の考えが反映されていない国会や地方議会が何を決めても従わない」と主張して通るだろうか。選挙に行かなかった人は、結果を受け入れることを是認していると見なすしかなかろう。

政党助成金の受け取り拒否には、党員や党支持者からも「なぜ受け取らないのか」という意見が強い。政党助成金が政党としての足腰を弱め、国民との結びつきを弱めるという共産党の言い分も理解はできる。政党助成金を受け取っている政党の政治家が、高級料亭や高級ホテルで毎夜飲み食いをし、密談をしている光景は許しがたい。しかし、これらは助成金の額を減らす、透明化を強めるなどの改革方法があるはずだ。

もっと言えば、そもそも日本共産党は、政党助成法の考え方を最初に提唱してきた政党ではなかったのか。日本共産党が一九四六年六月に作成し、いまも大いに自慢している「日本人民共和国憲法草案」の第九条（奇しくも第九条である）は、「人民は民主主義的な一切の言論、出版、集会、結社の自由をもち、労働争議および示威行進の完全な自由を認められる。この権利を保障するために民主主義的政党ならびに大衆団体にたいし印刷所・用紙・公共建築物・通信手段その他この権利を行使するために必要な物質的条件を提供する」と規定している。「民主主義的」であることが前提なので、時の政府が民主主義的か否かを判定するという考え方だったのかもしれないが、だとすればその方がある意味大問題ではある。

それにしても「民主主義的政党」に「言論、出版、集会、結社の自由」のために「物質的条件を提供する」というのは、政党への助成そのものである。この考え方は、一九七三年の「民主連合政府綱領提案」、一九七六年の第一三回臨時党大会で採択され、その後、何回かの改定をしながら、いまも有効な文書となっている「自由と民主主義の宣言」にも引き継がれている。もちろん、現在の政党助成法とは違う。しかし、政党に「物質的条件を提供する」というのは、税金で負担をするということだ。共産党のこのような考え方であれば、「政治信条の自由」には抵触せず、憲法違反ではないと主張するのであろうか。

「赤旗」の発行部数が減り、党本部、地方の党組織ともに財政が窮迫している。一回の総選挙で約七億円もの供託金を没収される。そのために、新たに「衆議院小選挙区選挙供託金支援基金」まで設置された。党本部建設募金、夏季募金、年末募金。党員や支持者は、共産党の募金責めにへとへとになっている。思い切った転換を検討すべき時に来ているように思えてならない。

## 巨額秘書献金の行方

秘書を含む国会議員団の財政透明化も、共産党にとっては大きな課題の一つだ。

四年程前、国会議員による秘書給与詐取が問題になった時、共産党の国会議員秘書が党本部に巨額の献金をしていることが問題になった。当時、市田書記局長が入院していたこともあって、私は政策委員長としても、書記局長代行としても、テレビ討論会でこの問題での対応に追われた。

実はこの時まで、私自身も詳しいことは知らなかった。正直なところを言えば、政策問題や国会論戦には熱心だったのだが、この種のことには「うまくやっているのだろう」という程度の認識しかなかった。そこで党本部の財政の責任者、国会財政の担当者や国会議員団事務局長などから、実際にどうなっているのかをレクチャーしてもらい、テレビ討論会に臨んだ。もちろん、不破氏や志位氏も内容を了解のうえでのことである。

財政担当者から聞いた説明とは次のようなものだった。①秘書は自主的に党本部に政治献金をしている。政治資金収支報告で誰がいくら献金したかについても公表している。②いったん党本部に入るが、同額が国会の秘書会計に戻され、秘書の「共同の経費」として、そのほぼ全額が秘書によって使用されている。③したがって党本部がピンハネをしているなどということはない——というものであった。志位氏自身も、当時の党首同士のテレビ討論会で、私と同様の回答をしていた。

若干の補足説明が必要だろう。共産党の秘書は、議員が個人的に採用するのではなく、党本部が本部勤務員として採用する。そして、党本部がそれぞれの国会議員に配置する仕組みになっている。したがって給与体系は、党本部の各部局の部員や「赤旗」の記者とまったく同じである。しかし、公設秘書（政策秘書、第一秘書、第二秘書）の場合は、国から共産党本部より多額の給与が支払われるので、党本部の給与体系と秘書給与の間で差額が生じてしまう。この差額を秘書は党本部に寄付しているわけである。だから寄付とは思えないような端数の金額になってしまう。

党外の人がこのやり方をどう見るかは別にして、共産党としては仕方がないやり方だと私自身は思っている。というのは、秘書も本部の各部局に働く人も、同じ本部勤務員で、この間の人事異動もある。秘書になったら給与が破格に高くなり、党本部に異動すると大幅に下がるというのでは、誰でも秘書になりたがるが、もちろんそういうわけにはいかない。だから秘書としての採用時にこの事情を説明し、差額を寄付するということを本人に了解してもらった上で採用している。共産党がいう「自主的な寄付」というのは、こういうことである。

秘書給与の詐取が問題になった時、「プール制」という考え方が国会で議論されたことがある。これは秘書給与をあらかじめ決めずに、一定額を議員に支出し、その範囲で議員が何人でも秘書を採用できる。給与は議員が決める。仮に余れば国庫に返却する、という考え方であったと思う。私は、共産党にとっては一番良い方法だと思った。こうすれば最初から本部の給与体系に準じて支払えばよく、「自主的な寄付」などということをしなくて済むからである。しかし、なぜか共産党はこれに反対してしまった。

本題に戻ろう。先ほど述べたとおり、秘書がおこなった寄付については、全額国会の秘書会計に戻され、秘書の「共同の経費」（出張旅費、厚生費、交通費等々）として、ほぼ全額が使用されている、と当時、私は説明した。しかし、この説明が本当に正しいのかどうかは、私自身は確認していない。財政担当者の説明を信じて、その通りに語っただけである。

あらためて考えてみると、いくつかの疑問が残る。第一に、秘書の寄付が最終的には全額国会の秘書会計に入るのであれば、なぜ党本部にいったん寄付をするなどという面倒なことをする必要があるのか。第二に、仮に全額戻っていたとしても、本当に「共同の経費」として、全額秘書活動に使われているのかどうか。ちなみに二〇〇〇年、二〇〇一年当時の秘書の「自主的寄付」の額は、年間約三億六六〇〇万円であった。この巨額の資金が本当に、すべて秘書活動の「共同の経費」として使用されたのか、まったく証明はなされていない。

　また国会議員の文書通信交通滞在費にも注目したい。それぞれの議員に月額一〇〇万円支給されており、共産党の場合、衆参合わせて一八名（二〇〇六年二月現在）の議員がいるので月一八〇〇万円、年間二億一六〇〇万円になる。これも同様に、本当に全額が国会議員の文書通信交通滞在費として使用されているのかどうか。最近になって、一八人分を共同管理し共同で使用している、足りないぐらいだと説明しているようだが、私は議員在職中に月一〇〇万円も使ったことはないし、このような説明を聞いたこともなかった。「清潔な共産党」を標榜する以上、詳細をあきらかにする必要があろう。

## 形骸化する「民主集中制」

日本共産党の組織原則である「民主集中制」（民主主義的中央集権制）は、「暴力革命、プロレタリア独裁、民主集中制は三位一体」として、共産党を攻撃・非難する際、かならず最大のテーマの一つとされてきた。

　特に、一九七〇年代には、全国で社共中心の革新自治体が広がり、いずれ国政でも共産党が政権与党になるのではないかということに、多少なりとも具体性があったため、自民党や公明党、あるいは共産党と近い関係にあると見られた学者、知識人からも批判が相次いだ。しかし、いまや日本共産党の「民主集中制」という組織原則への関心は大きく薄れているのが、現状ではなかろうか。

物事を民主的に討論して意見を集約し、決まったことは一丸となって実行していく。たしかに組織としては、当然の原則のように思える。しかし、実は、これほど「言うは易く行うは難し」の組織原則はない。日本共産党が、党大会の仕組み、運営を「民主」の象徴のように説明してきたことは、すでに紹介した通りである。二カ月前に発表した大会決議案を、すべての支部、地区、都道府県の党会議で討論をつくしてきた、というのがこの説明の最大の拠り所であった。

「討論をつくした」というのだから、当然、全党員が討論の主題である大会決議案を読んでいることなど大前提のはずである。ところが、である。そんなことが一度でもあったであろうか。「読了率」という言葉が共産党にはあるが、大会前に議案を読了している党員の比率は、自主申告でさえせいぜい三割前後のはずだ。いま共産党がもっとも党員が学習すべきものとして力を入れている新綱領ですら、改定から二年経っても読了率は三四・二%と報告されている。

支部でも大会議案を討論したことにはなっている。だが支部党会議で代議員を選ぶ段階では、「読了率」は間違いなくもっと低いであろう。大会議案を読まないでどういう議論ができるというのだろうか。ましてや「討論をつくした」などとどうしていえるのだろうか。大会終了後、共産党はいつも大会決定の読了運動を行なっているが、それでも半数に近づくのがやっとというのが実状である。

実際の会議では、支部長や地区委員が大会議案のエッセンスなるものを紹介し、それをもとに議論することになるのであろうが、数万字もの大会議案のエッセンスを報告できる能力を持っているのは、私が知る限りにおいては、おそらく不破氏や志位氏などごく少数しかいない。中央委員会総会決定の当事者のはずの中央委員までが、「決定の理解が浅かった」などと自己批判する発言を、私は何度となく聞いた。

一例をあげよう。第二四回党大会の招集を決定したのは、二〇〇五年四月六日、七日におこなわれた第三回中央委員会総会（三中総）だった。ここで志位氏がおこなった幹部会報告で、党大会に向けての「党勢拡大大運動」（党員と新聞を増やす運動）を呼びかけた。このなかで志位氏は、「党勢拡大大運動」が国民的意義を持っているとして憲法改悪を許さない党の力をつくること、「二大政党体制づくり」がすすむなかで国政選挙でこれを打ち破る力をつけること、新しい綱領を実現するためにも将来にわたって安定的に発展する党をつくること、などを熱烈に訴えている。誰が読んでも、この大運動があれこれある課題のなかの一つという位置づけではなく、特別の態勢をとって力を集中すべき課題として提起されていることは容易にわかることだった。

ところが、である。「大運動」の月である四月は、「赤旗」の部数が増えるどころか減ってしまった。そこで急遽五月一二日に、地域別の都道府県委員長会議が招集された。この会議のことを「常幹メモ」で読んだとき、正直言ってあきれると同時に、「またか」と思わざるを得なかった。

それによると、ある県委員長は、「あれこれの課題があるなかで、『大運動』成功のために力を集中する特別の態勢をつくることに躊躇があった。『大運動』成功のためには、やはり特別態勢で取り組まなければならないことが、都道府県委員長会議での志位委員長の発言を聞きよくわかった」という趣旨の発言をしているのである。また、五月一四日付「赤旗」報道によると、多くの都道府県委員長が「大運動に力が集中できていないこと、〝ともかく前進すれば〟と確固として目標をやり抜く構えに立ちきれていなかったことがこもごも語られました。態勢や手だてでも『大運動』といいながら、従来の延長線上のものでしかなかったと自己分析」したと報じられている。

「常幹メモ」には、結論として「緊急に都道府県委員長会議を開催して良かった。会議は成功した」という趣旨のことが記述されていた。都道府県委員長というのは、すべて中央委員、もしくは准中央委員のはずだ。幹部会の提起を受けて討論し、「党勢拡大大運動」という方針を決定した当事者である。その当事者が、どういう運動であるのかを理解していなかったというのである。「民主的に討論をつくした」結果がこの始末である。これでは成功がおぼつかないのも当然である。

「常幹メモ」にも呆れる。都道府県委員長会議が成功したかどうかは、「大運動」が当初の目標を達成してはじめていえることである。それ以外に、この会議が成功したか否かを決める基準はないはずだ。もし目標が達成できなければ、この会議はいったい「何に成功した」というのであろうか。

要するに、一連の会議は「党中央は正しい方針を提起し、機敏に都道府県委員長会議もおこない、各都道府県委員長も厳しく自己点検しながらがんばっている」というアリバイづくりのようなものである。そして、よほど鈍感な人物でないかぎり、この「大運動」が成功しないことを見通しているのである。まさに「お互いを守り合うための会議」というほかない。肝心の「党勢拡大大運動」も、結局「建前」にしかなっていない。

ちなみに、この会議では、三中総決定を読み終わった党員が、一カ月経っても一六・六％でしかないことも報告されている。

民主主義というのは形式ではない。党規約には、「党員の義務」として「党大会、中央委員会の決定をすみやかに読了」することとある。ところが現実には、党員の少数派しか議案を読まず、重要な決定文書も綱領も読んでいない。党内民主主義の前提となる義務を果たしていないということだ。これでなぜ民主主義が成り立ちうるのか。それを民主主義などというのは、フィクションでしかない。

もちろん現実には、全党員が議案を読了し、不破氏や志位氏らと同じレベルで議論をするなどということはありえない。問題は、その組織がそれに向かって制度的にも、内容的にも努力しているかどうかであろう。そして、まだまだ不十分な到達点であることをみずからが自覚しているか否かだ。間違っても、大声で「わが党は民主主義が徹底している」などとはいわぬ、冷静で、控えめな態度が問われているのである。

## 活動参加率三割の革命政党

では「集中」、すなわち党の結束力はどうだろうか。実は、ここにこそ共産党の深刻な危機がもっとも端的にあらわれている、といっても言い過ぎではない。

いま日本共産党員は、公称約四〇万人である。共産党といえば、外部からは「一枚岩」とか、「鉄の規律」などと評されることが多い。事実、一九四六年八月には、中央委員会総会で「党内民主主義と鉄の規律の保持」という決議がされているぐらいだから、当たっている面もないわけではない。相変わらず、除名や除籍などの処分もしばしばおこなわれている。私の友人である沖縄の地方議員も、つい最近、離党届を提出したところ、なんらの反党的活動もしていないのに除籍されてしまった。離党の自由はどこへ行ったのか。

「一枚岩」ということでいえば、選挙になれば、たしかにどの候補者も同じことを繰り返している。二〇〇五年の総選挙では、郵政民営化といえば、誰もが「百害あって一利なし」とさけんでいた。税金といえば「庶民大増税と消費税増税に反対」、憲法といえば「改悪反対」という調子である。その意味でいえば、「一枚岩」かもしれない。だがこれも見方を変えれば、たんに各候補者の演説に創意工夫がない、オリジナリティがないだけのことだ。

共産党によれば、二〇〇五年の総選挙での党員の活動参加率は六割から七割だという。

「意外に高い」と感じる人もいるだろうし、逆に「意外に低い」と見る向きもあるだろう。実はこれは、相当高めの水増し数字である。投票依頼の活動をせずとも、演説会に一回参加しても、ビラを一度配っても、選挙事務所に一度激励に行っても、活動参加となるのである。こういうレベルまで活動参加者としてカウントしても、この程度なのである。

私が在籍中、活動参加の報告を党本部で集約していたのだが、日曜日でも三、四割程度の党員が参加すれば上出来の部類であった。多くの党員が仕事を持っているため平日になれば、当然、これがさらに低下する。先日、共産党のある衆議院議員の候補者と話をする機会があったが、「わが党は三割政党だから」と自嘲気味に語っていた。何をやっても三割程度の党員しか活動に参加しないということである。野球のバッターなら三割は立派なものだが、日本を根本から変えようという革命政党の活動参加率が三割ではどうにもならない。

どの党もやっていることだが、選挙になると、無差別電話で支持を依頼する「電話作戦」というのが主流である。私もしたことがあるが、これは本当に精神的に疲れる。「共産党です」といった途端に、ガチャンと電話を切られたりすることもしょっちゅうである。それでもめげずに、「共産党です。いつもありがとうございます。今度の選挙は郵政民営化反対か賛成かが争点と小泉首相はいっていますが、そうではありません。選挙が終われば大増税が準備されています。憲法九条も変えられようとしています。増税反対、憲法改悪反対の一票を是非共産党に」などと一気にしゃべるのだが、これもなかなか難しいものである。電話をかければかけるほど意気消沈していくということも珍しくない。

だからこの仕事は、誰もが一番嫌がる。それゆえ、こういう一種の説得活動ができる党員もどんどん減ってきているというのが現状である。ビラ配布にしても、自分が住んでいる地域で共産党のビラを配るというのは、誰かと出会えば「この人は共産党員なんだ」と思われるので、抵抗感を持つ党員が多い。議員ならともかく、「私は共産党員です」という看板を掲げている党員はほとんどいないので、これも当然の反応である。むろん、自らいわずとも周囲には自然と党員であることはわかってしまうのだが。

その結果、いきおい一部の党員の負担だけが増していくことになってしまうのである。しかし、いくらやる気のある党員といっても限界がある。無理が重なり、それが原因で疲れ果てて党活動から遠ざかっていくという党員も少なくない。党中央もこのことは熟知している。だからこそ、「全党員がになえば荷は軽くなる」とか、「全党員参加が成功のカギ」などとハッパをかけるわけである。

「民主集中制」の「集中」というのは、いったん決まったことには全党員が従いやりぬくということのはずだが、現状は程遠いというのが偽らざる現状なのである。「民主主義がないところに、本当に自発的、自覚的な行動への活力は生まれてこない」ということは、共産党自身も述べてきたことである。活動参加率の低さは、形式的ではなく、本当の意味での党内民主主義の欠如の見事なまでの反映だといえよう。

## 組織を蝕む「党勢拡大運動」

日本共産党が強大な党を目指すことを否定するつもりはない。組織として当然のことだ。少なくない党員がそのために、献身的に日夜努力を続けている。

第二四回大会に向けての「党勢拡大大運動」は、二〇〇五年四月の第三回中央委員会総会で呼びかけられ、大運動成功のためには「いかに全支部、全党員が参加する自覚的運動にしていくかが最大のカギ」とされた。目標は「赤旗」日刊紙の五万部増、日曜版の二七万部増である。これを達成すれば、日刊紙が約三五万部、日曜版が約一六五万部で、合計二〇〇万部になるという。逆にいうと、この時点で「赤旗」は日刊紙、日曜版合わせて一六八万部だったということである。

私は、この呼びかけの内容を聞いたとき、中央委員会、あるいは指導部の無責任さを痛感せざるを得なかった。そもそも「全支部、全党員が参加する自覚的運動」など、これまで一度でも実現したことがあるのか。少なくともこの一〇年、二〇年ではない。それどころか、年々活動参加率が低下しているのが実状である。それを無視して「全支部、全党員が参加する」ことが成功の「最大のカギ」というのは、この大運動は一〇〇％成功しないといっているのと同義である。また「赤旗」日刊紙五万部、日曜版二七万部の拡大に成功すれば二〇〇万部になるというが、要するに二〇〇万部から逆算しただけのことである。この数字に何の政治的意味もない。

さて結果はどうだったか。二〇〇六年一月の党大会での報告は信じられないものであった。なぜなら、大会で報告された「赤旗」発行部数は一六四万部だというのだ。なんと九カ月間も「赤旗」を増やす大運動をおこなった結果、逆に四万部も減ってしまったのである。こんなことは、日本共産党の歴史で初めてのことだ。大運動どころか、小運動にもなっていなかったということである。しかも大会報告では、なぜこんな惨憺たる結果になったのか、何一つ総括はされていない。相も変わらず「党勢拡大の本格的前進を」という虚しいスローガンを掲げ、党員よ、もっとがんばれというだけである。健気《けなげ》に、献身的にこの活動に参加している党員を揶揄しているのではない。しかし、本当にこんなことの繰り返しでよいのか。共産党はいま真剣に考えるときにきていると思う。

各地の支部を覗いてみればわかるが、六〇代の党員など「若手」である。七〇代、八〇代が活動の中心という支部さえ珍しくはない。大企業の党支部にしても、私と同年代の団塊の世代が「若手」というところも少なくない。あと数年で退職する。したがって多くの大企業の党支部は、自然消滅の道を歩んでいる。退職後も居住地の支部で活動を続ける党員もいるが、「退職後まで党活動をしたくない。ゆっくり趣味を楽しみながら老後を送りたい」といって離党していく人も少なくない。心情はよく理解できる。

そんなところに、現状を無視して「全支部、全党員の参加を」と呼びかけても虚しく響くだけだ。虚しいだけならまだいいが、これが新たな矛盾、問題を生み出すことになる。つまり、この呼びかけに応えようとすれば、一部の党員に負担が集中してしまうのだ。こういう党員は、「力持ち」などと共産党内では呼ばれているが、その最たるものが地方議員だ。

かつては「赤旗」紙上で、どの地方議員が何部拡大したかというランクが発表されていた。共産党の地方議員の仕事は「赤旗」拡大か、という批判が党内外からあがったため中止されたが、地方の党組織に行けば、いまも同様のことがおこなわれている。

地区委員会が発行する活動ニュースに、「○○市会議員○○部拡大」「○○区議が支部と協力して○人を入党させる」などという記事が掲載されるのだ。議員としては、がんばらざるを得なくなる。支部の集まりでも、「○○議員は三○部も拡大しているのに、（その支部が選挙地盤になっている）うちの議員はまだ五部しか増やしていない」などという会話が交わされる。議員にすればたまったものではない。

私は、罷免・辞職させられたあとしばらく党本部に勤務していたが、ある時、地方議員の一人が「会いたい」といって訪ねて来たことがある。当時、党本部に私を訪ねて来るというのは相当に勇気がいることで、私の記憶では二人しかいない。近くの喫茶店で話を聞いてみると、代金を立て替えてまで部数拡大をはかったが、その総額が年間何十万円にもなり生活にも影響している、という。もう議員を辞めたいということだった。ともかく誰かに話を聞いてもらいたくて、私のことを思い浮かべたのだという。私は、地区委員会に正直にいった方がよい、他に生活の目途がたつなら議員を次回選挙で辞めてもいいのではないか、と励ましたのだが、この人の性格からするとおそらくそのままだろうと思う。彼のような人は、ほかにも少なからずいる。

その一方、「赤旗」に掲載されるのは威勢の良い話ばかりである。

まだ私が参議院議員・政策委員長で常任幹部会委員、書記局員をしていた頃、書記局会議で「赤旗」を増やす運動の責任者だった人物が、「不破議長の講演をCS放送で聞いて、『そうだ』というので感動して、すぐに飛び出して行って五部拡大した同志がいる。不破議長の講演は力になる。こういう話を『赤旗』にも掲載して党員を励ますことが大事だ」という趣旨の発言をしたことがあった。

実によくあるパターンなのである。私は日頃からこの種の発言に腹立たしい思いをもっていたので、それも含めてただちに異論を述べた。

「そういう党員が四〇万人のうち一人ぐらいいたかもしれない。しかし、それは異例中の異例だ。それがもし事実とすれば、その党員はこれまで、よほど拡大をしていなかったか、それとも、よほど幅広い人と付き合って信頼を勝ち取っている人だ。そんな党員がたくさんいるなら『赤旗』が減るわけがないではないか。『赤旗』を増やすのは楽しい、などという経験が『赤旗』に載ることがあるが、私の経験では『赤旗』の拡大というのは一番辛い仕事だ。家計が大変ななかで、すでに他の新聞もとっているのに、そのうえに『赤旗』もとってもらうというのは心が痛むものだ。しかし、わが党としても読んでほしいから党員は必死に購読をお願いしているんだ。そんな経験を普遍化すべきではない」

反論はなかった。こんな「経験」が載れば載るほど、現場でがんばっている党員や地方議員はしらけた気分になっている。無理な「党勢拡大運動」が、かえって党員のやる気を奪い、組織を蝕んでさえいるのである。

## 「赤旗」が増えれば政権を握れるのか

なぜ党員と「赤旗」を増やすことにここまで固執するかといえば、それが国会議員を増やす基盤となり、共産党が与党として政権に参加する民主連合政府を樹立することにつながっていくというのが共産党の確固たる方針だからだ。第二四回大会でも二〇〇七年の参議院選挙、一斉地方選挙に勝利するために、「五〇万の党員」「赤旗」の二〇〇三年総選挙時比三割増を実現するという目標が決められた。

たしかに四〇万人より五〇万人の党員の方が、また一七〇万部より二〇〇万部の「赤旗」の方が、国会議員の数を増やせる可能性は高まるだろう。しかし、この程度では衆参九議席ずつという現状が二桁台になることはあっても、飛躍的な議席増ということには到底つながらない。いまと同程度の党員数、「赤旗」部数で、衆議院で二〇議席を確保したこともあれば、九議席の時もあった。要するに、この程度の党勢力の変動では、国会議員数と必ずしもリンクしないのである。

日本共産党は、いずれは連合政権をつくることを目標にしている。その中心に座るのが共産党であることはいうまでもない。そのためには、衆参とも九議席、あるいはやっと二桁の議席程度では、とうてい無理な話だ。だからこそ一九九七年の第二一回大会では、民主連合政府を樹立するための第一段階として、衆議院で一〇〇議席以上、参議院で数十議席という目標を立てたのだった。

もし日本共産党がいうように、国会議員数が党員数、「赤旗」部数とリンクしているとするなら、今後、どれだけ増やしていかなければならないのか。

二〇〇六年初めの時点で、党員は約四〇万人、「赤旗」発行部数は約一七〇万部弱。この党勢力で衆議院の議席は九議席だ。仮に衆議院で一〇〇議席獲得を目指そうとすれば、いまの一〇倍の力が必要であるから、単純計算をすれば党員は四〇〇万人、「赤旗」は一七〇〇万部ということになる。一三億人の民がいる中国の共産党員数は約七〇〇〇万人といわれるが、人口比でいえばこの中国共産党と同水準の党員数、また朝日新聞と読売新聞を合算したぐらいの「赤旗」部数が必要だ。

もちろんこれは極端な計算である。同じ党員と部数でも議席数の変動はある。共産党の支持が高まり始めれば、飛躍もありうるだろう。勢いがつけば地すべり的勝利ということもおこりうる。しかし、それにしても衆議院で一〇〇議席以上確保しようと思えば、小選挙区でも数十議席は確保しなければならないだろう。一〇倍とまではいわないが、現在の党員数、「赤旗」部数を三、四倍程度にすることが最低限のハードルだ。その場合、党員は一二〇万〜一六〇万人、「赤旗」は五〇〇万から七〇〇万部ということになる。共産党の現状を見る限り、溜息が出るような数字だ。

たしかに、これまでの共産党の歴史を見た時、党の勢力拡大とともに議席数も増やしてきた。ある範囲までは、この「法則」があてはまる。しかし、政権獲得までこの「法則」で説明しようとすると、破天荒な数字、実現不可能な数字になってしまうのである。

ハードルはこれだけではない。共産党が大きくなれば野党の結集がすすむというのだが、実際にはわからない。共産党の議席占有率が高い自治体に京都市や京都府があるが、そこでは野党の結集はすすんだだろうか。それどころか、逆に共産党包囲網ができているのではないか。共産党が与党の自治体では、共産党の議席は少数派になっている。一議席でも与党になっている自治体もある。自治体首長は直接選挙であり、議院内閣制の政府とは違うとはいえ、ことはそれほど単純ではない。

党勢拡大を追求することは組織として当然のことだが、それがすべてを解決するわけではない。つまりは民主連合政府づくりとも直結していないということである。党勢拡大がすべてを解決するかのように強調し、党員をそこへ駆り立てるやり方は、間違いなく再検討すべき時期にきている。

## 党内に真の選挙は存在しない

日本共産党規約では、支部委員、地区委員、都道府県委員、中央委員は選挙で選ぶことになっている。自薦、他薦も認められている。だが実態は、とても選挙などといえるものではない。

まず、支部委員選出の実状はどのようなものか。支部委員や支部長などになると地区の会議に参加しなければならない、先頭に立って活動しなければならない、中央委員会決定や大会決定もいち早く読まなければならない、支部の会議を欠席できない等々の理由から、ほとんどの人が嫌がって逃げ回るというのが現状なのである。それを指導に入っている地区委員が、「私も手伝うから大丈夫ですよ。できますよ」などと必死に説得したりする。

地区党会議の代議員の選出も似たようなものだ。会議が日曜日におこなわれることが多いため、結局、日曜日に時間がとれる人が選ばれたりするという具合である。定数以上の候補がいないわけだから、そもそも選挙になどならないのである。

地区委員や都道府県委員選出に関してはどうか。これらの選挙は、改選前の地区委員会、都道府県委員会が、定数枠いっぱいの候補者推薦名簿を作成することになっている。この推薦名簿には、組織の大小によって人数は違うが三、四〇人の名前がずらっと並んでいて、支部名（企業名は使わない。地域名もほとんどの場合使わない。一〇A支部などというような記号を使うケースが多い。公安などから党を防衛するという目的である）や党歴などが書いてある。自薦、他薦は可能だが、あったという話は聞いたことがない。

この名簿にもとづいて選挙をするわけだが、たとえば四〇人の定数だとすれば、四〇人の候補者名が書かれた投票用紙が作成される。もともと落選する人は想定されていない。しかも投票方法は、最高裁判所判事の信任投票に似た、○×方式である。ところが、民主集中制を唱える共産党の場合、組織内には原則として上下の関係しかなく、基本的には党員同士の横のつながりは禁止されている。そのため、暗号のような支部名と党歴が書かれていても、候補者がどういう人物なのか、どんな顔をしているのかさえほとんどの代議員は分からない。妻も地区党会議に代議員として出席したことがあるが、ほとんど知らない人ばかりであったという。そんなことだからほとんどの人が○印、党勢拡大運動の先頭に立ってハッパをかけ、誰でも知っている地区委員長の×印が一番多いという皮肉な結果になることも少なくない。

党大会での中央委員選出も同様だ。改選前の中央委員会が推薦する百数十人の候補者名がずらりと並んだ投票用紙がつくられる。私の記憶では、中央委員選挙は人数が多いので、選びたくない人だけに印をつけるやり方であった。それに加え「中央委員会の選出基準と構成について」「中央委員会が推薦する中央役員候補者名簿の提案にあたって」という説明がなされる。そのなかに「共産党の幹部政策」という項目があるのだが、これこそが幹部を選出する権利を一般党員から実質的に奪っている元凶である。

「幹部政策」として説明される内容は、どの党大会でも基本的に同じである。一九九〇年七月の第一九回大会では、「複雑な内外情勢に対応して、中央委員会の正確、機敏な指導性を保障するため、また革命的伝統にそって党のひきつづく確固たる発展を継続するため知恵と経験に富んだ試練ずみの幹部と有能な活力ある新しい幹部の適切な結合をはかりつつ、若い将来性のある幹部を大胆に抜擢《ばってき》登用する」と説明された。この大会は志位氏が書記局長になった大会なので、「若い将来性」以下の文言が付け加わっている。一九九四年の第二〇回大会では、「余人をもって代えがたい同志は別として、六十五歳以上の同志は原則として勇退することを確認」という文言が付け加えられた。当時八五歳の宮本氏がまた議長になることが予定されていたからである。

二〇〇六年一月の第二四回大会では、大時代的な言い方はなくなったが、「党大会決定の実行に責任と気概を持ってあたる同志によって構成する」とか、「蓄積された経験と知恵を継承し生かすことを重視」「将来性のある若い幹部と、女性の幹部の抜擢」など、いかに候補者名簿が考え抜かれたものであるかについて、延々と説明がなされている。いずれにしても、改選前までの中央委員会が、「立派な幹部候補」だとお墨付きを与えた候補者名簿がつくられるのだから、落選する人などいたためしがない。これでは一種の信任投票に過ぎず、到底、選挙と呼べるような代物ではない。

それどころか、選出にあたり「知恵と経験に富んだ試練ずみの幹部」を登用し、「蓄積された経験と知恵を継承し生かすことを重視」するとなれば、それこそ最高幹部の再選ありきの出来レースである。「幹部政策」そのものが、特定個人の長期指導体制を予定し、必然化させてきたのである。

## すべての人事はトップが決める

日本共産党と自民党や民主党との大きな違いは、党首の選出を選挙でおこなうのか、そうでないかということにある。自民党の場合は、党則第六条にもとづき総裁を選挙で選ぶことになっており、「総裁公選規程」というのがある。民主党の場合にも規約第八条で代表を選挙で選ぶこととしており、「代表選挙規則」というのがある。

しかし日本共産党は違う。党規約によって、指導機関と位置づけられている中央委員会、都道府県委員会、地区委員会などの委員は、ともかくも「選挙によって選出される」という建前になっているが、中央委員会議長や幹部会委員長に関しては選挙規定すらない。あるのは、「中央委員会は（中略）幹部会委員長を（中略）選出する」とか、

「中央委員会は（中略）中央委員会議長を選出することができる」という規定だけである。

すでに述べたように、そもそも指導部を選出する中央委員会のメンバーは、中央委員会議長や幹部会委員長などの最高指導者が選んだ人々である。そのなかにはもちろん自分自身も入っている。そして、この最高指導者は、「幹部政策」でいうところの「革命的伝統にそって党のひきつづく確固たる発展を継続するため知恵と経験に富んだ試練ずみの幹部」の最右翼だ。要するに、自分で自分を議長や委員長に選んでいるに過ぎないのである。

実際に私も、議長や委員長を選出する第一回中央委員会総会（一中総）に何度も出席したが、その都度「脚本どおりの芝居」が繰り広げられた。

たとえば古いところでは、宮本顕治氏よりも年長の中央委員がいた相当前の時代のことだ。一中総開会の段階では、まだ誰もが横並びの中央委員でしかない。議長も、委員長も、司会進行役もいない。中央委員の誰もが「私が議長をやります」と手をあげてもかまわないはずであるのだが、実際はそうはならない。宮本氏が「さてどうしましょう」という調子で発言し、古参幹部の一人が「一番年長の同志を仮議長に推薦します」

と発言、拍手で確認され、その人が議長席に着く。次に仮議長が「では中央委員会議長の選出に入りたいと思いますが」と発言すると、また間髪入れずに同様の古参幹部が「宮本顕治同志を推薦します」と発言、また間髪入れずに拍手がおこって決まりという具合に進んでいった。委員長・議長が不破氏になってからは、最初から不破氏が「私が仮議長を務めていいですか」と発言していた。

続いて、中央委員会議長に選出された宮本氏が、「私のほうから幹部会委員長、書記局長を推薦していいですか」と切り出す。それが拍手で確認されると、「では幹部会委員長に○○同志、書記局長に○○同志を」と推薦し、またそれを拍手で確認という調子で順次決まっていく。副委員長人事、幹部会委員人事も同様だ。

第二二回大会の時には、大会前に不破委員長、志位書記局長、上田耕一郎副委員長、浜野忠夫常任幹部会委員（いずれも当時）ら七人による人事小委員会が設置され、大会前に中央委員会議長不破哲三、幹部会委員長志位和夫、書記局長市田忠義、幹部会副委員長石井郁子、上田耕一郎、浜野忠夫という四役の人事案がすでに作成され、常任幹部会で確認されていた。

一中総では、不破氏からただちにこの人事提案があり、拍手で承認された。このあと一中総では幹部会委員、第一回幹部会では常任幹部会委員が選出される。このときの第一回幹部会などは、一中総の会場の地下通路に五五人の新幹部会委員が集まり、全員が立ったままで、不破氏が二〇人の常任幹部会委員の名簿を読み上げ、拍手で確認して決まった。

トップの意向ですべての人事が決まるという仕組みをお分かりいただけただろう。中央委員選挙を前に四役の名簿をつくり、幹部会委員を選出するまえに幹部会委員長や副委員長が決まっているというのは、それらのメンバーがかならず中央委員になり、幹部会委員になることが事前にわかっており、落選することなど一〇〇％ないからである。

## 不破氏自身が決めた議長退任

不破氏が二〇〇六年一月の第二四回大会を機に議長を退任した。大会前の何社かの新聞記者から去就に関する予想を聞かれた際、私は「議長を退任するだろうが、おそらく常任幹部会委員としては残るのではないか」という見通しを語った。

結果は予想通りだった。私がそう考えた理由は簡単だ。議会を通じて政治を変革しようという政党のトップに、高齢ということもあって国会議員を引退した人物が座り続けるというのは、他の政党ではありえない異常なことだからである。

ただこの人事は、はからずも人事はトップがすべて決めるということを実証することになった。不破氏自身、「私が議長職を退く問題を常任幹部会に提起した」と述べ、「常任幹部会の一員として、党中央の活動に参加したい、と考えました」と語っている。私が常任幹部会委員の時に、私自身が「引き続き常任幹部会委員として活動に参加したい」といえたであろうか。絶対にありえない。結局、すべて不破氏の意向なのである。今回も、不破氏自身が退任という判断をしなければ、おそらく続投ということになっていたであろう。

大会での不破氏の次のような発言もなかなか興味深い。

「指導部の構成について……意識的な努力をおこなわないと、必要な時期になっても中心幹部の交代を避けるといった現状安住の保守的な傾向におちいりかねない」

「議長の任にあったものが、常任幹部会の一員として活動を続けるという前例は、過去にはありません」

「いったんその職務についたら党中央から身を退くまで職務は終身変わらない、といった〝終身制〟は、どんなポストにかんしても、党の規約にもなければ、組織原則にもありません」

ここには、宮本氏が九〇歳になる寸前まで議長職につき、事実上〝終身制〟になっていたことへの不破氏の批判が込められていると思う。

ただその不破氏自身、三六年間も指導部にあったわけであり、共産党の基準ではともかく、世間から見れば限りなく〝終身制〟に近いものではあった。議長を退くぐらいなら、常任幹部会委員や中央委員も同時に退くべきではなかっただろうか。常任幹部会委員でなくとも、社会科学研究所の所長として党中央の活動に参加することは十分に可能である。常任幹部会委員として残らなければならない、個人的事情があったのであろう。

また別の見方をすると、あえて常任幹部会委員として残ったことが、重要な意味合いを持つ前例になったともいえる。今後、志位委員長が退任して常任幹部会委員の役職だけになることもありうるからだ。

いずれにしろ共産党には本当の意味での選挙などないという根本的な課題は、残されたままである。

# 第三章　見えざる党指導部の実態

## 不透明な党内序列

党を代表するのが誰なのか、党首は誰なのか、党内の序列がよくわからないのも日本共産党の特異なところである。自民党の場合には、党則第四条で「総裁は、党の最高責任者であって、党を代表し、党務を総理する」とある。民主党の場合も規約第八条で、「代表は、党を代表する最高責任者とする」とある。どちらの場合も明快だ。

だが日本共産党の規約には、中央委員会は、「対外的に党を代表し、全党を指導する」とあるが、どの職責が党の最高責任者であるかという規定はない。中央委員会議長と幹部会委員長とは、どちらが上位なのかということも規約では何の規定もない。中央委員会議長は、規約上は置いても置かなくても良いことになっている。現に、二〇〇六年一月の第二四回大会では、不破氏が議長を退任し、空席となった。

ただ現実には、不破議長時代は、置いても置かなくてもかまわない中央委員会議長職の不破氏が最高指導者であったことは疑いない。不破氏自身、退任の際の発言で「党の議長として、最終的な責任者の任務を担い」と述べている。しかし、その党の最終的な責任者である不破氏は国会に議席がなかったため、テレビの党首討論会には幹部会委員長の志位氏が出席していた。また宮本顕治氏が幹部会委員長時代には、野坂参三氏が中央委員会議長だったが、野坂氏が名誉職的であったのに対し、実権を握る文字通りの最高指導者であったのは、幹部会委員長の宮本氏であった。

要するに、職責によってではなく、その個人の力によって事実上の党首が時には中央委員会議長であったり、幹部会委員長であったりしているのが日本共産党だということである。

「指導部」という表現も、共産党独特の用語であろう。この用語は、最高幹部間とそれ以外で使われるときでは意味合いが異なる。普通、党内で指導部といえば、三役（議長、委員長、書記局長）や四役（三役に副委員長が加わる）を指すと理解されている。場合によっては常任幹部会も含まれる。しかし、最高幹部間では違う。

私が初めて書記局員になった時、戸惑ったことがある。それは当時書記局長だった志位氏や書記局次長だった浜野氏が、さかんに「指導部の意見はこうだった」などというのである。書記局長といえば、宮本議長、不破委員長（いずれも当時）らに次ぐ、党内ナンバー3である。横で聞いていて「あんたも指導部の一員だろう」と思ったものである。しかし、違うのである。その頃の宮本氏は引退寸前で心身ともに衰えており、彼らが指導部と呼んでいたのは不破氏のことだった。一人なのに「指導部」というのもおかしな話だが、実状はそうであった。

私が罷免になった時にも、市田氏から「指導部の判断で記者会見はしなくてよい」とか、私が記者会見をさせてくれるよう再検討を求めると、「指導部と相談します」という回答が何度も返ってきた。つまり「不破氏の判断」「不破氏との相談」ということである。「不破議長が」といえばよいものを、個人責任をあいまいにするときに、「指導部」という言い方が多用されるわけである。

## 物言わぬ幹部たち

党全体を日常的に指導し、動かしているのが常任幹部会であることはすでに説明した。幹部会、常任幹部会の主宰者は幹部会委員長、つまり志位氏である。各会議では、それぞれの議題ごとに志位氏がそのまとめをおこなうことになっている。しかし、瑣末な問題を除けば、ほとんどの場合、不破氏の発言によって会議がリードされ、結論が下されていくというのが常であった。たしか第二二回大会後の最初の常任幹部会だったと記憶しているが、不破氏が冒頭、「会議では、自分の担当分野ということにこだわらず、すべての問題で積極的に発言し、議論をして欲しい」という趣旨の発言をしたことがある。つまり、会議の実態はその逆だったということである。

実際、半年、一年の間に、ほとんど声すら聞かない、発言らしい発言をしたことがない、何の提案もしないという副委員長や常任幹部会委員も少なくなかった。自分の担当分野のことについて多少は発言するのだが、それ以外はダンマリという人も多かった。書記局会議でも、市田氏が不破氏と同様の提起をおこなったのだが、やはりこの体質は変わらなかった。「物言わぬ常任幹部会委員」「物言わぬ書記局員」が少なからずいるのである。

企業など、他の組織でもそうかもしれないが、圧倒的な力を誇る指導者の前で、自分の意見をいうというのは、なかなか勇気がいるものである。ただこういう組織は、やはり疲弊していく。この危機感があったからこそ、不破氏も積極的な発言を促したと思うのだが、なかなかそうはならなかった。

　こんなこともあった。私が罷免される一年前ぐらいの時期だったと記憶しているが、志位氏が議題のまとめをするたびに、不破氏が「僕は違うな」といってひっくり返すのである。当然、結論も不破氏の意見に落ち着いていく。居並ぶ常任幹部会委員の前で、「君はまだまだだな」といわれているに等しいわけだから、これは志位氏にとってつらかったと思う。

　これが週一回の会議のたびごとに繰り返されるのである。こうしたことが何回か続いた後、彼はついにまとめができなくなってしまった。志位氏がまとめをしないと会議は終わらない。そのため、通常は午前一〇時半に始まり一二時半頃には終わる会議が、午後一時あるいは一時過ぎまで長引くこともしばしばであった。志位氏が病気になった時、私はすぐにこの情景が思い浮かんだ。

　他の常幹メンバーはどう思ったか知らないが、私は不破氏の一連の振る舞いに非常に嫌悪を感じた。「なぜ志位氏がまとめる前に発言しないのか。もっといえば議長、委員長の関係なのだから、事前に相談だってすればよいではないか」と思ったものである。ただ私は、そのことを不破氏に指摘する勇気はなかった。志位氏には申し訳なかったと思うし、その勇気がなかったことを恥じ入るばかりである。

かくいう私も、常任幹部会委員になった頃は、会議のたびに不破氏から叱責された。私を鍛えるつもりだったのだと解釈しているが、国会質問の態度、会議での発言など、一時は何をいっても怒られるというありさまだった。何回か続いた後、志位氏も心配して、「筆ちゃん（志位氏はこう呼んでいた）、大丈夫？　どうして不破さんは筆ちゃんにあんなに怒るのかな」と慰めてくれたこともある。私は、「いや、気にしてないです。どうってことないですよ」と返していた。実際のところ、大して気にもしなかった。ただ同じ叱責でも、常任幹部会委員になりたての私の立場と、書記局長も経験し、対外的には党を代表している委員長としての志位氏の立場では、辛さの度合いはまったく違ったはずである。

志位氏を幹部の面前でいじめのように叱責する不破氏のやり方は、党にとってマイナスでしかない。この場面を直接見ている常任幹部会委員や、伝聞で知った党本部の人間は、志位氏を軽んじ、ますます不破議長を絶対化していくからである。

たとえば、二〇〇四年参議院選挙前に志位氏が病気になったときのことである。その頃には、私もすでに党本部に復帰していた。志位氏は、療養中にもかかわらず必死に委員長としての職責を果たそうとして、作成中の参議院選挙政策について政策委員会に意見を伝えてきたのである。それをスタッフが浜野副委員長に報告したところ、中央委員でもない政策委員会のメンバーもいる前で、浜野氏は「彼（志位氏）には意見をいう資格はない」と公然と述べたというのである。病気で戦線離脱しているのだから、その資格はないというわけである。それを聞いた政策委員会のメンバーが、「党の指導部はいったいどうなっているのか」と憤慨していたのも当然である。

こんな話はいくらでもある。政策委員会でも担当の常任幹部会委員が、平然と志位氏の批判をするところを何度も聞いたものである。ところがこういった人たちは、志位氏に面と向かっては何もいわない。典型的な面従腹背である。その一方で不破議長に対する批判だけは、どの幹部もしないのである。

私が罷免された時、メディアは私のことを「党のナンバー4」と書いたが、私にいわせれば、共産党にはナンバー1しかいなかったのである。

## 大言壮語が飛び交う党大会

年二回以上おこなわれている中央委員会総会についても一言述べておきたい。

正直にいえば、私が常任幹部会委員だった時代も、中央委員会総会に対しておこなう幹部会報告がいつもよくできたものばかりだとは思っていなかった。不破氏や志位氏も必死に知恵を絞ったはずだし、私も私なりにない知恵を絞った。しかし、そうそう良い知恵がでるわけでもなく、ときには出来の悪いこともある。ところが中央委員会総会を開くと、こちらの報告の出来がよくないにもかかわらず、多くの中央委員・県委員長の発言が、一言でいえば調子の良いものばかりなのである。

中央委員会総会では、まず志位氏が幹部会報告を二、三時間程度かけておこなう。その後、討論に入る。討論の途中で不破議長が一時間程度の発言をすることも多かった。その後、討論は続行される。

この総会での発言には「常套句」というものがある。例をあげると「幹部会報告を聞き身の引き締まる思いがした」とか、「まだまだ自分たちのとらえ方が甘かった。幹部会報告を聞き、目からうろこが落ちた」（いったい何枚、目にうろこをつけているのかといいたくなった）、「目標を達成できなかったのは、県委員長としての自分の責任だと、厳しく自己分析を深めているところです」などという、自己批判的発言のオンパレードである。途中で不破氏の発言があると、その後ふたたび同様の調子の発言が続くのだ。

「お前に批判する資格はない」といわれれば、それまでだが、私の自己批判だと思ってあえていわせてもらう。中央委員会総会やその他の決定は、四〇万人の党員を拘束することになるという重さを、中央委員の人たちはもっと自覚すべきである。ここ最近の大会などでの発言を見ると、私も含めて威勢の良い発言のオンパレードだ。いま自分自身の発言を読み返してみると、恥ずかしさに身が縮む。大会での報告、発言だけを見ていると、とうに民主連合政府は出来ているのではないのかと錯覚するほどである。

議論が建前や綺麗事に終始するのは日本共産党の特徴といってもよい。大会などでは、本気で議論しているのか疑わしくなるような、無責任な大言壮語が飛び交う。腹の底では「できるわけがない」と思いながら、大きな拡大目標に賛成し、挙句に失敗する。そして最後は、いつもの自己批判で締めくくる。この繰り返しである。

## 建前に過ぎない「自己批判」

私も思わず「自己批判」という言葉を使ってしまったが、これも共産党独特のものであろう。先にも述べたが、共産党の一員としての気概を持ち、どんな困難にも立ち向かっていくためには、自己犠牲的な活動や献身的な活動を余儀なくされる。しかし、共産党員といえども人間である以上、恋もすれば、遊びもするし、酒も飲む。その結果、時には活動をサボタージュしたり、誤りだって犯すこともある。二日酔いで「赤旗」の配達が遅れ、集金が遅れることもある。議員であれば、論戦に失敗することもある。党の方針に納得できないために、その方針を実行に移さないこともある。人間である以上、これらは避けられないことである。

こういう党員を引っ張っていく、あるいは党の結集力を高める大きな手段が、「自己批判」である。最近はどうか知らないが、私が入党した当時は、大会決定を読んでいないとか、選挙での支持拡大が少ないとか、それこそありとあらゆることが自己批判の対象にされたものである。

しかし、そうそう簡単に自己批判をすることなど、本当に可能なのだろうか。自らの過ちを認めるというのは勇気がいることだ。その勇気を発揮し、誤りを自身の力で正していくわけだから、本当にそれができる人はたしかに素晴らしい人なのだと思う。しかし、自己批判なるものを突き詰めていくなら、それまでの自分の生き方、歩み、性格そのものを否定することにだってなりかねない。つまり自己否定、アイデンティティの否定にもつながりかねない危うさを持っているのである。

もっとも中央委員会総会での自己批判など、これとは似ても似つかぬ代物だ。ことある度に、同じようなフレーズを繰り返す県委員長も少なくない。党の規律の象徴である「自己批判」すらも形式的になり、建前にしか過ぎなくなっているのだ。

## 自分で質問もつくれない議員たち

私は、国会議員団には秘書として約一〇年間、議員として八年間、籍を置いてきた。したがって議員の立場も、秘書の立場も知っている。「共産党は国会議員よりも秘書の方が偉い」ということが、一部でささやかれたりしている。実際、私も自民党議員から「共産党の秘書は恐いから」といわれたことがあった。この「恐い」というのは、〝議員を動かしているのは秘書だ〟という意味合いが込められているのであろう。

私もその一人であったが、いまでは緒方靖夫参議院議員を除けば、すべてが「共産党」と書いてもらって当選してきた比例区の議員ばかりである。小選挙区との重複立候補で復活当選したなかには、ぎりぎり得票率一〇%基準をクリアしたという議員もいる。それに対し小選挙区で過酷な選挙を勝ち抜いてきた議員は、本人の自負心、矜持が違う。秘書の側も、当然そういう眼で議員を見るわけである。小選挙区で当選した議員には文句なしに敬意をはらうが、比例で当選した議員に対しては、「たまたま順位が上だったからじゃないか」という見方になってしまうものなのだ。ただ当選しただけでは、国会議員としての権威というか、威光のようなものは生まれない。何も偉そうにして権力を振り回すという意味ではない。人をひきつける力である。比例選出議員の場合、よほど努力して「なるほど力がある」と思わせなければ、秘書は腹の中で小ばかにしてしまうのである。

まだ中選挙区だった私の秘書時代当時から、秘書が三人寄れば議員への不満を口にするという雰囲気はあった。無理からぬ話で、議員は表に出て華々しいが、秘書は裏方としてこれを支える地味な仕事だ。「赤旗」に、「この質問は秘書がつくりました」「このネタは秘書が苦労して見つけてきました」とは、当然のことながら出ることはありえない。また、時には議員の勝手な要求にも応えなければならない。ついつい鬱屈した気分になりやすいのである。

しかも共産党の場合、何度か述べたように秘書は党本部で採用し、そこから各議員に振り分けるという方法がとられている。したがって秘書にすれば、それぞれの議員に採用されているという意識はない。また、議員は当落によって代わるが、秘書のなかには一九七〇年代からというベテランもいる。さらに共産党の場合、たとえばA議員が厚生労働委員会から国土交通委員会に異動すると、それにともない、これまでの厚生労働関係の秘書に代わり国土交通関係の秘書がA議員に配置される。秘書は同じ分野の仕事をし続けているので、おのずとその分野の専門家になっていく。そのため、秘書が議員に教えるということが起きるのだ。

このような関係なので、なかには「うちの議員は頭が悪いから」とか、「質問が下手で救いようがない」などと暴言を吐く、出来の悪い秘書がいることも事実である。また反対に、「うちの秘書は質問づくりが下手で遅い」と文句をいう議員も少なからずいた。質問を秘書まかせにしているので、この種の不満が出るのである。

共産党議員のなかには、自分で質問づくりすら出来ない人が多い。私自身、参議院議員になってから、衆参両院の多くの議員の質問づくりを手伝った。名前をあげれば一〇人は優に超すだろう。本会議質問のほとんど全文を書いてあげた人も何人もいて、なかば徹夜でつきあったこともある。私の手持ちの材料も提供した。私ほど他の議員の質問づくりを手伝った議員はいなかったと思う。もう少し力をつけてほしい議員も少なくなかった。

中にはこんな議員もいる。二〇〇五年の郵政民営化法案が参議院で否決された国会には、障害者自立支援法案が提出されていた。共産党は、この法案は障害者の自立支援どころか、障害者に自己負担を課すもので、「障害者自立破壊法案」と批判していた。障害者団体も強く反対し、このメンバーたちが国会前に集まり集会を開いているので、国会議員団事務局が女性参議院議員の一人に激励の挨拶に行ってほしいと要請したそうである。ところが、この女性議員は、「何を話したらよいのかわからないから、激励に行くのはイヤだ」と断ってしまったというのである。私はこれを聞いた時、その無責任さに開いた口がふさがらなかった。小選挙区選出議員なら、みずからお願いしてでも挨拶に行き、たとえ一票でも支持を増やそうとするものだ。

だから、比例ばかりで四回当選して永年勤続の表彰を受けようという議員（国会議員を二五年つとめると永年在職議員表彰というのがあり、肖像画が国会内に飾られる。参議院議員は任期が六年で、五期三〇年つとめなければこの基準をクリアできないので、四期二四年で引退する議員は、これに準じた扱いを受けることができる）に対しては、「厚かましい。早く若い人に譲れよ」などという会話が、秘書の間で公然となされているのである。

## 宮本顕治という存在

今日の日本共産党の基礎、路線をつくりあげてきたのが宮本顕治氏であることについては、党内外でも異論がないと思う。

二〇〇四年に綱領の全面改定が不破氏主導でおこなわれたが、その基本は一九六一年に宮本氏主導でつくられた旧綱領と変わりはない。不破氏自身、「綱領の基本路線は四十二年間の政治的実践によって（正しさは）試されずみ」（二〇〇三年六月、第二二回大会第七中総での綱領改定案についての提案報告）と語っている。選挙で多数派を形成し民主主義革命を目指すというのも、党員、「赤旗」の拡大に力を注ぐというのも、指導者の長期体制も、すべて宮本氏がつくりあげてきた路線である。

さきに不破氏と志位氏の関係について述べたが、かつての宮本氏と不破氏の関係と似ているところが少なくない。中央委員会総会などでも宮本氏は、不破氏のことを「不破君が云々」という物の言い方をしていた。不破氏がどれほど「理論家」であったとしても、そういう関係であった。普通、よほど力関係の差がなければ、公開の席上でこういう言い方はしないものである。

中央委員会総会では、中央委員全員に向かって「あなたがたは」という物言いをするのが特徴だった。近年は不破氏もこういう物言いをするようになった。完全に上からものをいっているという印象を受けたのは、私だけではなかったと思う。

私は、宮本氏とは直接会話すらしたことがない。一部では、私が宮本氏の卓球の相手をして気に入られ中央役員になったかのようにいわれているが、残念ながらといえばいいのか、そういう事実はまったくない。中央委員会総会や候補者会議（一九八三年の参議院選挙で宮本氏も私も比例候補だった）、常任幹部会の会議で一緒だったというだけである。

県委員長や国会議員は、その地方に宮本氏が出張した時や議員団会議で宮本氏から声をかけられることもあるが、中央委員がごろごろいる党本部では、よほど身近な人間でなければ会話をする機会などなかった。宮本氏というのは、そういう存在であった。ただ間接的にではあったが、宮本氏から激怒されたことはある。私は、かつて宮本氏も候補者になったことがある衆議院東京一区の候補者を、一九八〇年代の後半から九〇年代の前半まで一〇年間ほど任されたことがある。三回立候補していずれも落選したが、たしか一九九〇年の選挙のときだったと思う。「選挙戦をたたかっての感想文を提出せよ」という指示が、中央委員会の選挙対策局からあった。私がこの感想文で、「〝宮本議長が引退した方が共産党にとって良い〟という声が有権者のなかにある」という趣旨のことを書いた時である。

すでに宮本氏は八〇歳を超えていたのだからそういう声も当然だったのだが、当時の東京都委員長から「すぐに東京都委員会に来てくれ」という連絡があり、行ってみると「宮本議長がこの感想文を読んで、東京一区の候補者ともあろうものが何だ、というので激怒している」というのである。都委員長が必死にとりなしてくれたおかげで大事には至らなかったが、釈明文を書かされたように記憶している。こういうときでも私ごときに直接の叱責はないのである。

まだ私が四〇歳ぐらいの頃だったと記憶している。ある女性の元参議院議員が中央委員会総会終了直前に、満座の前でいきなり宮本氏から名指しで、〝日頃の活動態度がなっていない〟というので猛烈な批判を浴び、自己批判をさせられたこともあった。何年か前の中央委員会総会の席上で、宮本氏がこの女性を大いに評価し褒めあげたのだが、その後、候補者として問題のある言動が多かったというのが理由だ。

宮本氏の論理は、「この女性を中央委員会総会の席上で評価したので、その批判もこの席上でする」というものであった。たまたまその時、私はこの女性と隣り合わせで席に着いていた。満座の前での大幹部からの突然の批判に本当に驚愕していた。正直、かわいそうにと同情したが、もちろん何もできなかった。この中央委員会総会に出席していた中央委員は、全員が震え上がったと思う。

不破氏や上田耕一郎氏も例外ではなかった。

一九八二年一二月、『日本共産党の六十年』という七〇〇ページ以上に及ぶ大部な党史が刊行されるが、このなかに、一九五〇年代の半ばに「党内には自由主義、分散主義、個人主義、敗北主義、清算主義の傾向や潮流があたらしくあらわれた。過去の誤りへの批判の自由ということで、党内問題は党組織の内部で討議・解決するという原則からはずれ、党の民主集中制や自覚的規律を無視する傾向は、党内外にさまざまな形であらわれた」という記述がある。この槍玉にあげられたのが上田耕一郎、不破哲三（本名上田建二郎）兄弟の一九五六年の著作『戦後革命論争史』（大月書店）だった。

党史発行の翌年、中央委員会理論政治誌『前衛』の一九八三年八月号に、不破、上田両氏の自己批判文が掲載された。「党内問題を党外で論じた。これは民主集中制の組織原則に反する自由主義、分散主義、分派主義の誤りだった」という内容である。当時、不破氏は幹部会委員長、上田氏は副委員長だった。三〇年近く前の、しかもすでに絶版になっていた著作の自己批判を公表させるなどというのは、宮本氏の力をもってする以外にありえないことであった。

### 宮本議長引退の真相

この宮本氏が中央委員会議長を退いたのは、一九九七年九月の第二一回党大会であった。一九五八年から一九九七年まで四〇年間、書記長、幹部会委員長、中央委員会議長を務め、常に党の最高責任者であり続けた氏も、すでに八八歳になっていた。このかなり前から、宮本氏は引退すべきだという声が党の内外からあがっていた。第一九回大会も、第二〇回大会もマスメディアは宮本氏の去就に注目していた。

それは党内も同様であった。その都度、期待を裏切られて、「まだやるのか」と溜息をついたものである。だからこそ一九九四年の第二〇回大会では、新しい中央役員を選出する際の提案で、浜野忠夫常任幹部会委員（現副委員長）は次のように述べた。

「中央委員会の推薦名簿の作成にあたっては……知恵と経験に富んだ試練ずみの幹部と有能・誠実な新しい幹部の適切な結合をはかるという、従来から一貫した党の幹部政策の基本を今回もなによりも重視しました」「その立場から余人をもって代えがたい同志は別として、六十五歳以上の同志は原則として勇退することを確認し、若い将来性のある幹部を大胆にばってき・登用することとしました」

「余人をもって代えがたい同志」とは、もちろん宮本氏のことである。当時党内では、この言葉が皮肉を込めて流行したものである。「余人をもって代えがたい」というのは、他の人では駄目だということであり、特定の人物を特別扱いすることを意味する。党内で反発の声が渦巻いたのは当然であった。そもそもこんなことをあえていわなければならないところに、この人事に無理があったことは明らかである。

その宮本氏も第二一回大会を機に、ついに勇退した。党内では、宮本氏が自分の意志で勇退したかのように受け取られており、「さすが宮本さんは立派だ」という党員もいたが、実際はそうではなかった。

宮本氏は、第二一回大会には体調を崩して出席できないという状態だったにもかかわらず、まだ引退するつもりなどなかった。不破氏が数日間の大会期間中、その日の日程が終わると東京都多摩市の宮本邸まで行って、「引退してほしい」と説得し続けたのである。私の記憶に間違いがなければ、たしか長い間宮本氏の秘書をしていた小林栄三常任幹部会委員（当時）も同行したように聞いている。

不破氏から直接聞いた話だが、この説得に対し、宮本氏は「君、僕は何か間違いを犯したのか」と聞いたそうである。不破氏らは「そうではない」として、年齢などをあげ説得したそうである。そして、ついに宮本氏が渋々この説得に応じたというのが引退の真相だ。その後、常任幹部会で、不破氏が「宮本さんには知的後退が見られる」と語っていたことが印象に残っている。

世界の多くの共産党を眺めてみると、党の指導者が辞める時は、死亡するか、もしくは失脚する例が多かった。高齢になったため第一線から引退するという例は少ない。それゆえ、宮本氏も思わず「失脚」という言葉が頭に浮かんだのであろう。

宮本氏引退に関連し、この大会では異例なことがおこっている。通常、綱領改定案や規約改定案は、「党内民主主義を大事にする」という建前から、党大会のかなり前に全党員に周知され議論がおこなわれることになっている。ところが、この大会では、大会の真っ最中にいきなり規約改定案が提出されたのである。

改定案の中身は簡単なものだった。規約第三十一条で「中央委員会は、中央委員会議長一名（中略）を選出する」となっていたのを、「選出できる」に変えるだけだった。つまり中央委員会議長を「置かなければならない」から、「置くことができる」に変えたわけである。結局、この大会で宮本氏は中央委員には選出されず、引退することになった。そして第一回中央委員会総会では、議長は選出せず空席となった。

あの戦時中の過酷な弾圧下で、一二年間も牢獄につながれながら非転向を貫いた宮本氏は、私たちにとっては次元が違いすぎて憧れることすら憚られるほどの大きな存在であった。私が日本共産党に入党して以降も、「仮に宮本さんのような弾圧を受けたら黙秘でがんばることができるか」と自分に問いかけ、到底その自信がない自分に恐れおののいたものである。戦後、いまの共産党の路線をつくりあげたのは、間違いなく宮本氏の卓越した政治的眼力とリーダーシップであった。

私は宮本氏の引退の真相を聞いたとき、「ああ、あの宮本さんでさえそうか」と正直ほっとしたものである。組織というものは、得てして指導者を天まで持ち上げ、欠点など何もないがごとく完全無比の人間像をつくりあげてしまう。だがあの宮本氏ですら、結局は自分の地位にこだわり、中央委員会議長の座に執着したのである。そのことをとやかくいうつもりは毛頭ない。そんな資格が私にあるとも思わない。

ただあまりにも「人間的」だと思っただけである。

# 第四章　不破議長時代の罪と罰

## 不破氏は現代のマルクスか？

私が『週刊新潮』に手記を掲載したことに対し、全国の方々から激励や叱咤の手紙が私のもとに届いた。そのなかには、「地区委員長や市議会議員が『不破さんはレーニンを超えた』とか、『マルクス以上だ』などと発言し、そういうことが地区委員会発行の党員向けニュースにまで掲載されている。個人崇拝だという逆に批判された」という訴えもあった。

この種の発言は、実は地区委員会レベルだけではない。二〇〇二年のことだが、党本部で不破氏が講師になって「代々木『資本論』ゼミナール」と銘打った講義が一年にわたっておこなわれた。私は参加しなかったが、中央の党幹部のほとんどが参加した。事実ではないが、「常任幹部会委員で参加していないのは、上田耕一郎副委員長と筆坂だけだ」という噂が流れたほどである。この結びの講義で参加者が感想を述べているが、元衆議院議員の松本善明氏は、「不破さんは、現代のマルクスだ」と述べたそうである。

レーニンは、あのロシア革命を指導し、世界をゆるがした大革命家である。その闘争と著作は、良くも悪くも日本共産党をはじめ、いまでも世界に影響を与えつづけている。マルクスの資本主義分析がいまでも光彩を放っているという見方は、近代経済学の立場にたつ少なくない経済学者も認めている。一〇〇年以上にわたって世界の思想界に与えた影響は巨大である。不破氏が、この二人を超える、あるいは比肩する大革命家、大思想家だというのであろうか。

これは「個人崇拝」というのとは少し違う。思考停止なのである。「赤旗」の記事を見れば、北朝鮮問題、靖国問題、野党外交等々、まるで世界の中心に不破氏がいて、世界とアジアを動かしているといわんばかりの報道がなされている。これを読んだ〝無邪気な党員〟は、「不破さんはレーニンを超えた。現代のマルクスだ」などといって自己満足の世界に浸れるのである。

だが、本当に不破氏は完全無欠なのだろうか。

## 拉致問題棚上げを主張した党首討論

まずは、近年大問題になっている北朝鮮による拉致事件に関してである。この件に対する不破氏の対応はいかなるものだったか。

二〇〇〇年一〇月二五日におこなわれた党首討論での、不破氏の主張と森喜朗首相（当時）とのやりとりの大要は以下のようなものであった。

**不破**　警察白書も、「北朝鮮による日本人拉致の疑いのある事案」また「北朝鮮に拉致された可能性のある行方不明者」、全部その表現です。私どもはこれらが非常に心配になって、外務省の関係者からも警察庁の関係者からもずっと伺っているのですけれども、やっぱりどれも結論が出ていない。（中略）国内でこの疑いがあるからと説明するのはわかりますよ。相手の国に対して、疑いのある話がこれだけあるといって外交交渉をするという例は、世界にはほとんどないのです。また専門家に聞きましても、これは外交交渉ではないのですが、国際司法裁判所に問題提起するときに、疑いがある段階で提起しても、これは門前払いだと。

（中略）七〇年代に起こった事件で、二十年たってそれ以上捜査が進まないんなら、それが到達点であるなら、それが疑惑だという段階にふさわしい解決の仕方があるはずなんです。それがまた問題の結論が出て、明確なこんな証拠があるんじゃないかと、いうものがあるんだったら、それにふさわしい交渉のやり方と、それにふさわしい結論の出し方があるはずなんです。

**森首相**　それじゃあ拉致問題を交渉すべきではないということになってしまうのではないでしょうか。

森首相の反論に対し、不破氏は、「そんなことは言っていません。ふさわしい交渉の仕方、ふさわしい結論の出し方があるといっているのです」「『疑いがある』というのがいまの結論なんですよ。『疑いがある』段階から出ていないんですよ」「その段階にふさわしい交渉のあり方をしないと日本外交は大変な立ち遅れに陥る心配がある」と述べて討論を終えている。

たしかに不破氏は、「交渉をするな」とは一言もいってはいない。だが、疑惑の段階での外交交渉の例は世界にないとか、国際司法裁判所なら門前払いだというのは、森首相が指摘したように、事実上「交渉すべきでない」と主張しているのと同じである。

「疑惑だという段階にふさわしい解決の仕方」というが、どういう方法が「ふさわしい」のか、不破氏は何もいっておらず、たんなるレトリックにすぎない。

党首討論のやり取りからは、不破氏の質問の意図が分かりづらかったかも知れないが心配無用である。当事者の不破氏と緒方靖夫国際局長・参議院議員が「赤旗日曜版」（二〇〇一年一月一四日号）で、この点をはっきりと語ってくれている。

**不破**　国会で三回目にとりあげたのは、いわゆる拉致《らち》疑惑の問題でした。

超党派の訪朝団が成果をあげて、やっと日朝国交正常化の交渉が始まった。ところが、その後の進み方を見ていると、朝鮮半島の情勢の全体は、南北首脳会談の成功、米朝交渉の進展など、平和的な解決の方向への大きな動きとなっているのに、日朝交渉は展開がおそく、拉致問題などが一つの難関となって行き詰まりになる危険性も出てきているように見えました。

そこで、日朝交渉の前途のためにも、この問題の交通整理をしておく必要があると考えて、十月二十五日の党首討論（クエスチョン・タイム）で、とりあげたのです。

**緒方**　いいタイミングでの問題提起でした。政府が拉致の疑いがあるといっている「七件十人」のあやふやさを突いて、捜査の到達点にふさわしい交渉をしなさい、と主張しました。新鮮に思えました。

**不破**　いわゆる拉致問題の宣伝だけ聞いていると、百パーセント証明ずみの明白な事実があるのに、相手側はそれを認めようとしない、日本政府も弱腰で主張しきれない、そこが問題だ、といった議論になりやすいのですが、実態はそうじゃないんですね。

**緒方**　そうなんです。外務当局に聞いても警察当局に聞いても、全体として疑惑の段階であって、「七件十人」のうち物証のあるものは一つもない、と言っています。

**不破**　日本の捜査の到達点自体がそういう段階なのに、これを証明ずみの事実のように扱い、そういうものとして外交交渉のテーマにしたら、やがてゆきづまって日本側が身動きできなくなることは、目に見えています。ですから、私は、日本の捜査で到達した段階にふさわしい外交交渉をしなさい、と提案したのです。これは、言いかえれば、国際的にも通用できる道理ある交渉を、ということでした。

（中略）そのあとマスコミの人たちと懇談したときにも、中身がのみこめないといった顔をしていた人が大部分でした。しかし、翌朝訪ねてきて、「私はあれで目からウロコが落ちました。拉致は証明ずみの事実と思いこんでいたけど、そうじゃなかったんですね」と言ってくる記者もいましたので、心づよく思いましたよ。

**緒方**　核心をついた問題提起だったと思います。翌日の日経新聞（十月二十六日付）の一面コラム「春秋」が、「『拉致問題でどの程度の証拠を持っているのかで、外交交渉の仕方が変わってくる』とただした共産党・不破哲三委員長の追及は説得力があった」と、わざわざ書きました。

あるマスコミの人と最近話したのですが、不破さんの提起を契機に、マスコミも角度を変えたというのです。疑惑の根拠に点検の目を向けようという記事をのせた週刊誌も出てきましたし、拉致問題について「主権侵害の問題として提起するよりは、国内の刑法違反の問題としてまず追及すべきじゃないか」と書く社説も登場しました。

不破さんの〝勇気ある〟提起によって、拉致問題を冷静な議論にひきもどした、という歓迎の声はかなり広く聞かれます。与党の中枢的な部分の人たちでも、拉致問題を既成事実のようにして振り上げたこぶしをどう降ろすか、どうソフト・ランディング（軟着陸）させるかが、大問題だと言っていた人もいましたからね。

拉致を「宣伝」とまで言っている。不破質問の最大の眼目が、拉致問題を日朝国交正常化交渉からはずせということにあったことは明瞭である。緒方氏が、「主権侵害問題ではなく、国内の刑法違反事件として追及すべき」という新聞記事をわざわざ紹介しているところにも、その考えが顕著にあらわれている。

私自身、当時、不破氏や緒方氏から、北朝鮮による拉致というのが「疑惑にすぎない」という話を、常任幹部会をはじめ他の席でも何度も聞かされた。不破氏の指示によって、緒方氏が連日、警察庁、外務省の関係部局と会い、そのメモが不破氏や私にあげられてきた。志位氏や市田氏にも届いていたと思う。ここに書かれていたことは、警察庁、外務省ともに、北朝鮮の犯行だという結論をだしているものは一つもない、すべて疑惑にすぎない、ということであった。

これらの報告を受けて不破氏は、「北朝鮮による拉致というのは疑惑にすぎない」、換言すれば「そうではないかもしれない」という見方に大きく傾いていったのである。緒方氏は疑惑にすぎないことを強調しながら、「大体、横田夫妻はもともと〝神隠し〟にあったと言っていたぐらいですから」などという発言もしていた。こういった認識がはっきり出てしまったのが、不破質問だったのである。

ところが、二〇〇二年九月、小泉首相と金正日の会談で、金正日は拉致が「北朝鮮特殊機関の一部の妄動主義、英雄主義によるもの」であることを認めた。「疑惑」などではなくなったのである。不破氏がいうように、拉致問題を交渉のテーマからはずしていたらどうなったことだろう。

拉致被害者や、その家族の気持ちを少しでも斟酌する気があるのなら、この誤りを率直に認めるべきであろう。しかし、その気はまったくなさそうだ。結局、不破氏や共産党の無謬性の方が重要なのである。

## 不破氏はなぜ拉致問題を見誤ったのか

不破氏が拉致問題について見通しを誤ってしまったのには、明白な背景と理由があった。

二〇〇〇年一一月の第二二回党大会には、党大会史上初めて、在日本大韓民国民団（民団）、在日本朝鮮人総連合会（朝鮮総連）という朝鮮半島の南北在日団体の代表が参加した。日本共産党と北朝鮮・朝鮮総連との関係は、北朝鮮のビルマ（現ミャンマー）での爆弾テロや日本漁船銃撃事件を日本共産党が批判したのに対し、朝鮮総連傘下の新聞が日本共産党の見解を非難したり、朝鮮労働党が「不当ないいがかり」「内政干渉」

と攻撃してくるという経過を経て、一九八〇年代の前半から断絶状態に陥っていた。

ところが、第二二回大会では、その朝鮮総連とともに民団の代表まで参加し、この両者を一緒に壇上に立たせたというので、不破氏は開会あいさつで、「日本と朝鮮半島の今後にとっても、また、アジアで大変大きな意義を持つ南北朝鮮の友好と交流、さらには自主的統一の展望にとっても、大変意義深い」ことを強調した。朝鮮半島への強い関心が窺える。

当時、不破氏は、私や緒方靖夫国際局長らを前にして、「今後、朝鮮労働党との関係正常化もありうるからね」といっていた。また韓国には、「赤旗」の「ソウル支局開設」を打診していた。ちなみに、緒方氏は「不破議長の本は、韓国へのパスポートです」と常任幹部会で発言し、すぐにでもソウル支局開設許可がおりるかのようにいっていたが、いまだに韓国政府の許可は出ていない。

日本共産党は、アジアでの非核、非同盟、紛争の平和的解決が広がっていることに注目して、一九九七年の第二一回大会ではアジア重視、アジア外交重視の方針を打ち出していた。むろん、これは正しい方針だったと思う。ちょうどこの時期に、中国共産党から関係正常化の動きがあった。中国共産党と日本共産党との関係は、一九六〇年代に毛沢東が「文化大革命」をおこない、「鉄砲から政権は生まれる」などという武装闘争論の押し付けなど、さまざまな干渉・攻撃を日本共産党に加えてきたため、一九六六年以来、関係が断絶していたが、中国共産党の動きを敏感にとらえた不破氏の主導で、一九九八年七月、中国共産党との関係正常化が三二年ぶりにはかられた。この経過については、不破氏の『私の戦後六〇年　日本共産党議長の証言』（新潮社）に詳しい。

これが契機になって、不破氏は国内での共産党の退潮、低迷から目をそらすかのように、〝外交のとりこ〟になっていったように思う。このあと東南アジア諸国の歴訪、私も同行した再度の中国訪問、さらにはチュニジア、北京でのアジア政党国際会議と、いわば「外交三昧」が続いていく。不破氏がいう「野党外交」なるものの展開である。

国連の安全保障理事会常任理事国でもあり、アジアやイスラム諸国にも影響力のある中国共産党との関係正常化は、野党外交をすすめるうえでも大きな信頼につながったということを、不破氏から何度か聞かされたことがある。要するに、不破氏や日本共産党がいう野党外交とは、中国の影響力を背景としたものなのである。

そんな不破氏が、中国共産党との関係正常化の次は、朝鮮労働党との関係正常化、「赤旗」ソウル支局の開設、そして日朝国交正常化にも大きな役割を果たしたいと考えていたことは間違いない。日朝国交正常化は、北東アジアの平和と安定にとって重要な課題であり、彼がこう考えること自体は自然なことであった。だが、あまりにも前のめりになりすぎてしまった。

中国共産党との関係正常化の翌八月には、北朝鮮のテポドンミサイルが日本上空を通過して太平洋に落下するという事件が発生し、日朝双方が先制攻撃の危険性をめぐって緊迫の度合いを深めていた。日朝関係は最悪の状況にあった。こうした情勢のもと不破氏は、翌年一月の衆議院本会議で「北朝鮮との対話と交渉のルートを確立するよう」提案する。さらに一一月の衆議院本会議でも、「ミサイル、拉致問題を含む日朝間の諸懸案は交渉によって解決すべきであり、前提条件なしに交渉ルートを開くよう」再度提案した。

不破氏や緒方氏にいわせると、この不破提案が〝大いに影響力を発揮〟して、一二月には村山富市元首相を団長とする超党派訪朝団が北朝鮮を訪問し、前提条件なしに日朝政府間会談を開くことで北朝鮮側との合意ができあがった。そして、二〇〇〇年四月には政府間交渉が七年半ぶりに再開することになる。

しかし、不破氏自身が緒方氏との対談で語っているように、日朝政府間交渉が再開したものの、二〇〇〇年一〇月の第一一回国交正常化交渉以降、再び交渉が中断してしまった。拉致問題の解決が一歩も前進しないというのが最大の原因であった。不破氏にすれば、せっかく自分が日朝国交正常化への道を切り開くうえで貴重な提言をしたにもかかわらず、拉致問題があるために前進しない。そこでなんとか拉致問題を棚上げするために考え抜いたのが、「疑惑にすぎない」という論理だった。

## お蔵入りになった不破質問

不破氏のこれら一連の対応から、日本共産党は拉致問題に無関心だったと思われるかも知れないが、それは違う。拉致問題を初めて本格的に国会で取り上げたのが日本共産党であったことは、共産党が「赤旗」などで大宣伝してきた通りである。

一九八八年三月、橋本敦参議院議員が兵本達吉氏らとの調査結果を踏まえて国会でとりあげ、梶山静六国家公安委員長に「北朝鮮による拉致の疑いが十分に濃厚」であることを初めて認めさせた。橋本氏の質問づくりの作業には、私も秘書時代、何度も参加したが、間違いなく参議院屈指の論客だった。その論戦力もあって、この時点での拉致問題の追及は、間違いなくどの政党よりも日本共産党が先駆けていた。

しかし、この画期的だった橋本質問は、「疑惑の段階で刺し過ぎた質問」だとして、党内ではその後「お蔵入り」となってしまった。それも当然のことで、「証拠もなしに、疑惑の段階で外交交渉のテーブルに載せるな」という不破氏の党首討論での主張とは、とうてい相容れないからである。

ところが、である。不破氏の希望的予想は外れ、金正日自身が拉致は北朝鮮の犯行と認めたことで、不破質問が批判に晒されることになってしまった。そこで急転直下、蔵の中から再び引っ張り出されたのが橋本質問なのである。「赤旗」の北朝鮮キャンペーンを見ても、不破氏の著書『私の戦後六〇年　日本共産党議長の証言』を読んでも、あれだけ自画自賛していた不破質問はいっさい触れられていない。何のことはない、今度は不破質問がお蔵入りになったのである。

しかも皮肉なことに、不破質問の誤りを橋本氏が指摘することまで起こってしまう。兵本達吉氏が『文藝春秋』（二〇〇二年一二月号）の「不破共産党議長を査問せよ」という記事で、「日本共産党が拉致問題追及の最大の妨害勢力」だと批判したのに対し、橋本氏が反論する論稿が二〇〇二年一一月一七日付「赤旗」に掲載された。このなかで橋本氏は、「重大な拉致の疑惑はあっても、拉致犯人は犯人の特定が可能ななんらの直接証拠も状況証拠もまったく残していないのであるから、国内の捜査や調査には限度があり、（中略）拉致の疑惑を『事実』であるというところまで究明するためには、日朝間の権限のある正式の交渉に待たなければならない」と指摘した。不破質問とはまったく正反対の主張なのである。橋本氏の指摘のほうに道理があることは明瞭であろう。

共産党が拉致問題への対応を誤ったのはこれだけではない。

二〇〇四年一二月八日、北朝鮮から提供された横田めぐみさんの遺骨が本人のものではなかったという鑑定結果が細田博之官房長官から発表されたとき、志位委員長が記者会見で「意図的なのか、手違いなのか」と発言をして、大ひんしゅくを買ってしまったのである。このことを「赤旗」は黙殺したが、朝日新聞は報じた。この発言には驚くよりも呆れるしかない。意図的に決まっているからである。北朝鮮側が虚偽の情報・資料を提供してきたことは、この時が初めてではなかった。案の定、フジテレビの番組で「この期に及んで手違いなどと言う日本人がいる。驚いた。共産党の志位委員長だ」という趣旨の批判をされてしまった。

慌てた共産党指導部は、一二月一四日、緊急に都道府県委員長会議を招集する。そこで不破、志位両氏が報告に立ち、つじつま合わせのような説明と方針変更をおこなうことになった。

このときの二人の報告は、「重大な新たな情勢の展開があった」ということを基調にしたものであった。では何が「重大な新たな情勢」かというと、北朝鮮側が提供した横田めぐみさんの遺骨なるものがまったく別人のものであったこと、北朝鮮特殊機関が最大の壁になり交渉相手側に当事者能力がないことがあきらかになったこと、をあげた。そのうえで、北朝鮮への経済制裁も選択肢の一つにする、という党としての態度変更表明もなされた。

また両氏は、北朝鮮側の交渉当事者が「特殊機関が協力してくれない」と述べたことに飛びつき、これを異様に大きく取り上げ、これこそが拉致問題解決の最大のカギであるかのように報告で強調する。不破氏は、前掲の『私の戦後六〇年　日本共産党議長の証言』でも、「『特殊機関』が、北朝鮮で、いまなお大きな権限をもって活動している事実にぶつかって、本当に驚きました」と語っているのだが、逆にそのような認識ぶりに「本当に驚く」ばかりである。

金正日が、拉致を「特殊機関の一部の妄動主義、英雄主義による犯行」と語ったのは、みずからの責任は回避し、特殊機関にだけその責任を押し付けようとするものであったことは、誰が考えても明らかだ。これこそ拉致事件の全面解決を拒否するための北朝鮮側の卑劣な論理なのである。金正日が第三者的な立場でなどないことは、たとえば一九七八年に韓国の女優・崔銀姫《チェウニ》氏が拉致されたときには、金正日自身が港まで出迎えに行っている事実を見ても明白なのである。大体、独裁国家で特殊機関が独裁の道具となり、独裁者の支配にあることなど常識である。

不破氏の意向を受けた緒方氏は、二〇〇四年一二月一四日の参議院拉致問題特別委員会で、外務省に対して、北朝鮮側が「特殊機関が壁になっている」と説明していることを確認した後、「金正日氏が言った一部の妄動主義が今でも続いている」と指摘している。これでは最高責任者である金正日の責任を免罪し、特殊機関の一部の責任に問題を矮小化してしまうことになる。

先にあげた都道府県委員長会議で不破氏は、北朝鮮による国家的な拉致犯罪を何度も「国際犯罪」と表現したが、「国家犯罪」とはいわずじまいだった。なぜ「国家犯罪」「国家によるテロ行為」といわないのか。あくまでも北朝鮮特殊機関の一部の妄動だから、国家犯罪ではないと考えているのであろうか。普通の刑事事件ですら国家間にまたがれば国際犯罪であり、国際刑事警察機構が動く。それと同列に、北朝鮮による拉致犯罪を「国際犯罪」などというのは、誰も批判せず何もいっていないのと同じである。

緊急招集された会議だったが、一連の報告は、いつものように「この問題でも、わが党が一番道理ある態度をとってきた」という言葉で結ばれた。

## 自画自賛の「野党外交」

いま日本共産党最大の売り物の一つが、不破氏がすすめてきた「野党外交」である。「赤旗」報道や不破氏らの話だけを聞いていると、世界と対話できる日本の政党は共産党だけであり、まるで日本共産党が世界を動かしているのではないかと錯覚させられそうになる。だが果たして、この野党外交なるものは、それほど値打ちのある活動なのであろうか。

二〇〇六年一月の第二四回大会の決議を読んでみると、ラテンアメリカ諸国でのアメリカ支配からの自立の動きを高く評価するとともに、二〇〇四年に不破氏が参加した中国・北京での第三回アジア政党国際会議での「北京宣言」で、「平和の国際秩序の追求」「戦争・侵略・覇権に反対する」「いかなる形態のテロリズムにも反対する」「貧困の克服をめざす国際協力をすすめる」といった内容が明記された結果を、同様に高く評価していることがわかる。

ちなみにこの国際会議は、アジア、大洋州など三五カ国から、八三の政権党や野党が参加。日本からは、ほかに民主党、公明党、社民党が参加した。自民党も出席予定であったのだが、出席予定議員が直前に台湾を訪問し、それを中国が批判したため出席を取りやめている。

大会決議はこの評価に続けて、「わが党の野党外交が発展するのは、いま世界でおこっている大きな変化と、わが党の新しい綱領のめざす方向が一致しているからである」と述べたうえで、その理由を「国連憲章に規定された平和の国際秩序を擁護」「民主的な国際経済秩序の確立」「異なる価値観をもった諸文明間の対話と共存」など、世界のどこでも通じる普遍的な生命力をもつ〝公理〟が新綱領に明記されているからだと自賛している。まるで、日本共産党が「北京宣言」の作成をリードし、ラテンアメリカの政治変革の動きに大きな役割でも果たしたかのような文脈である。

むろん、日本共産党にはなんの影響力もないのだが、『前衛』二〇〇四年一二月号に掲載された不破氏の「アジア政党国際会議に参加して」を読む限り、不破氏は大活躍したように取れるのだ。たとえば、二〇〇五年が国連憲章六〇周年、バンドン会議五〇周年なので、アジア政党国際会議がイニシアチブをとって、アジアの平和の意思を世界に発信するよう提案したそうである。特に、バンドン会議の一〇原則を強調したということだ。

不破氏によれば、これに対し「すばらしい発言だった」という賛辞が寄せられるなど「かなり反響を呼んだ」そうである。ところが、その後に配布された「北京宣言」草案には、肝心の一〇原則は含まれておらず、修正案を提出してやっと組み入れられたという。賛辞と反響はどうしてしまったのだろう。

そもそも、北京宣言のどこが画期的な内容なのか。自明の国際社会の基本原則が書かれているに過ぎない。新綱領についても、まるで日本共産党の新綱領が世界の公理になったかのような文脈で書かれているが、世界の公理を綱領に書き込んだだけのことである。何でも自分たちに都合よく解釈するというのは共産党の得意技であるが、「野党外交」はその極致と言えるかもしれない。

二〇〇〇年一一月の第二二回党大会ではこんなことがあった。ちょうど金大中韓国大統領（当時）が北朝鮮を訪問し南北対話が前進したころである。京都の代議員（現参議院議員）が京都民団の幹部の話として、「南北朝鮮の対話の前進については、金大中大統領の太陽政策と不破さんの国会質問が大きな力になった、金大中さんに金メダル（ノーベル平和賞）なら、不破さんには銀メダルをあげたい」という発言が紹介され、不破氏は万雷の拍手を浴びたのだった。すべてがこういう調子なのである。

## 「沈黙の交流」も外交のうち

不破氏の「野党外交」は、たしかに多彩だ。不破氏自身が使っている表現だけをみても、「野党外交」「名刺外交」「ホテル外交」「多国籍外交」「王室外交」など。ほかに変わったところでは「沈黙の交流」というものがある。沈黙していても交流したことになるぐらいだから、外国に行き、あるいは外国人と会いさえすれば、なんでも「外交」になるようだ。例をあげてみよう。

さきほども触れた、二〇〇四年の北京でのアジア政党国際会議。不破氏は、そこで「名刺外交」なるものをおこなったそうである。党本部での報告集会の発言（『前衛』二〇〇四年一二月号に掲載）から、その実状を見てみたい。

「私たちのあいだでは（注、代表団のこと）〝名刺外交〟と呼ばれたのですが、名刺を交換して握手しあっただけという交流もあります（笑い）。だいたい、こうした国際会議の進行のなかでは、団長だけが、ほかの団員から切り離される、という場合が少なからずあるのです。（中略）私は、日本語以外は、話す方も聞く方もさっぱりですから、そういう時には、名刺以外に交流の手段はないのですが、これが、交流のなかなか有効な手段、少なくとも大事なきっかけになります。次に、言葉の通じる環境で再会したときには、もう互いに顔見知りで、二度目の対面ということになるわけで〝名刺外交〟がこういう形で生きてくるのです」

その他に、胡錦濤総書記との数秒間の握手だけの会見の前にも、待合室で「もっと大規模な形で、〝名刺外交〟」「〝沈黙の交流〟」がおこなわれたのだという。

また、二〇〇四年一一月一七日、東京・元赤坂の迎賓館でデンマークのマルグレーテ二世女王夫妻招待の夕食会がおこなわれ、これに不破夫妻が参加した。日本側の主賓は天皇皇后夫妻である。夕食会への参加は、日本の政党関係では不破夫妻だけだったと聞いている。この夕食会参加に、まさか政治的な意義づけがなされようとは夢にも思わなかった。一一月二三日の常任幹部会のメモを見ると、「外国の王室との外交を初めて切り開いた」「天皇との共存路線を明確にした」という二つの意義づけがなされていたのである。

これについて、おそらく党内からも相当な批判の声が寄せられたのであろう。翌二〇〇五年の「赤旗日曜版」での「不破さん青年と語る」で、わざわざ別枠で不破氏の発言が掲載されている。青年たちの発言は「流れ解散ですか。（笑い）」だけである。

ここで不破氏は北京宣言を例にあげ、アジアで反共主義が消えつつあるのと同じように（北京での会議で反共主義がまかり通っていたなら、その方が驚きなのだが）、ヨーロッパ王室が日本共産党を招待したことについて、「共産党だからといって差別しない、そういう態度の表れだということをすぐ感じました」という解釈を披瀝している。合法政党で国会に議席を持っている政党代表者を招待するのは、儀礼上、当然のことである。かつてイギリスのエリザベス女王が来日したときも、宮本顕治氏に招待状が届いていたはずだ。マルグレーテ女王に、「反共主義を克服しつつあるのか」と聞いてみれば、どう回答するのだろうか。「天皇との共存路線」については、綱領でも決めていることなので「問題はありません」と釈明的に語っている。

さて、不破氏が「外交」とした夕食会の様子はどうだったか。

本人が語ったこととして聞くところによると、夕食会で不破夫妻が見知っていたのは、俳優の岡田真澄氏と外務省から宮内庁に移っていた役人だけだったそうである。夕食会招待者ということでいえば岡田氏だけである。招待客は各国の外交官が中心で、言葉も通じないので話す相手すらいなかったそうだ。「名刺外交」は無理とみて、おそらく「沈黙の交流」をされていたのであろう。この成果は、残念ながら第二四回大会決議では披露されていない。

一般党員の党を支えるための日々の苦労を思うと、不破氏の「野党外交」は、何か特権階級の別世界のような気がしてならない。

## 遠ざかる一方の民主連合政府

前述したように日本共産党は、一九九七年の第二一回党大会で、日本共産党が政権与党になる民主連合政府を二一世紀の早い時期に樹立するという方針を決定している。

このときの大会決議は、

「一九九六年の総選挙で十五議席から二十六議席への躍進をかちとった。総選挙で獲得した七百二十六万票、一三・〇八%の得票率は、わが党が一九七〇年代に到達した峰をはるかにこえる、史上最高の峰への歴史的躍進である。衆院への小選挙区制の導入は、日本共産党を政界からしめだそうとするファッショ的なくわだてだったが、改悪された制度のもとでもそれを突破する躍進をかちとったことは、どんな悪法によってもわが党と国民とのむすびつきのひろがりをおしとどめることはできないことをしめすものであった」

という意気揚々たるものであった。

この大会で報告をおこなった不破幹部会委員長（当時）は、

「当面の目標、第一段階の目標として、衆議院に一〇〇を超える議席、参議院に数十の議席をもち、国会の力関係のうえでも自民党と正面から対決できる力量をきずきあげることを、全党の目標にしたいと思います。これはどちらも一回の総選挙で達成するわけにはいかない目標であります。しかし、何回かの選挙でこういう目標にかならず到達する、そういう力量をつくりあげるように、連続的な躍進の実現に力をつくしたいと思うのであります」

と述べ、こう締めくくった。

「党中央としては、大胆にうちだしたつもりであります。しかし、この会場では、そのすべての提起が〝打てば響く〟といいましょうか、待ってましたといわんばかりの受けとめ方をなされました。それればかりか、もうそのつもりで活動をはじめているよ、という具体的な実践の報告が、つぎつぎとおこなわれました」意気軒昂そのものである。私自身、これに拍手喝采していたかと思うと恥ずかしくなる。それから約九年、結果は「連続的躍進」どころか、ご存知のように「連続的後退」という惨憺たるものとなった。

実は以前にも、期限を区切って民主連合政府を樹立するという方針を打ち出したことがある。宮本顕治書記長時代の一九七〇年の第一一回大会だ。七〇年代の遅くない時期に民主連合政府を樹立するというのが、そのときの目標であった。私は、当時すでに中央委員会勤務員・国会議員秘書であったが、七〇年代には共産党が与党の民主連合政府ができるというので、非常に高揚した気分が共産党内にみなぎっていたことを昨日のように記憶している。

実際、その目標を達成するかの勢いで、共産党は選挙ごとに議席を増やしていく。一九七二年総選挙では一四議席から四〇議席（推薦候補を含める）に躍進して野党第二党になり、東京都、大阪府、京都府、愛知県、京都市、名古屋市などで、社会党、共産党を中心にした革新自治体が誕生した。一九七三年には、党員三十数万人、「赤旗」二八〇万部になったと発表されている。

しかし、躍進が続いたのは七〇年代の前半までであった。七六年には「赤旗」は三〇〇万部を超えたと発表されたが、総選挙では四〇議席から一九議席に、東京都議選でも二一議席から一一議席に半減した。この結果、民主連合政府の実現性は急速にしぼんでいく。共産党が国政、地方政治で大きく躍進していく様に、自民党や財界が大きな危機感を抱き、共産党批判を繰り広げたことも大きく影響した。

一九七三年一月には、自民党の橋本登美三郎幹事長が「社会主義には自由がない」「一度奪われた自由はふたたび手にすることはできない」と述べ、「自由社会を守れ」というキャンペーンを開始した。一九七六年一月には、民社党の春日一幸委員長が、宮本顕治委員長（当時）の戦前のスパイ査問事件を国会でとりあげ、共産党を「暴力と独裁」の党だという攻撃をおこなう。

日本共産党はこれを「反共デマ宣伝」として反撃したが、ソ連や東欧、中国、北朝鮮の実態を見れば「社会主義には自由がない」というのはまぎれもない事実であり、負のイメージが国民に深く浸透していったことは間違いない。

日本共産党も、ただ手をこまねいていたわけではない。七三年一一月の第一二回党大会では、綱領にあった「ソ連を先頭とする社会主義陣営」という表現から「ソ連を先頭とする」を削除し、「国会を反動支配の道具から人民に奉仕する道具にかえ」の「道具」を「機関」に、「労働者階級の権力、すなわちプロレタリアート独裁の確立」の「独裁」を「執権」に変えるという一部改定をおこなう。「自由社会を守れ」キャンペーンの攻勢に押された結果だった。

さらに七六年七月に第一三回臨時党大会を開き、綱領にあった「プロレタリアート執権」という用語を削除して「労働者階級の権力」だけに、綱領と規約にあった「マルクス・レーニン主義」を「科学的社会主義」にあらためるという改定がおこなわれた。社会主義社会になっても複数政党制や議会制民主主義を守ることなどを内容とする「自由と民主主義の宣言」が作成されたのもこの時だ。

宮本委員長（当時）は「これらの議案をわが党中央が提出した最大の動機は……わが党の理念にたいするかれらの中傷、ひぼうにたいして受動的に対処するのではなく、わが党こそ歴史的にも理論的にも、まさに自由と民主主義の確固とした戦士であることを明確にすることであります」と主張した。

しかし、臨時党大会までひらいてこうした議案を採択したことは、「自由社会を守れ」というキャンペーンが党の急所を突くものであったこと、こうした攻勢への必死の防御、すなわち「受動的」対応であったことは、ことの経過や内容からも明らかである。

## 無意味な五〇年先の目標

一九八〇年一月には、社会党と公明党が日本共産党排除を原則にした政権構想に合意(社公合意)することになった。この当時に描いていた民主連合政府というのは、社会党との連立ということが柱になっていた。その社会党が公明党との間で共産党排除を明確にしたことによって、七〇年代の遅くない時期に民主連合政府を樹立するという展望は、最終的に打ち砕かれてしまった。

このように、全党員や支持者を民主連合政府樹立に駆り立てておきながら、それが成功しなかった場合でも目標を明確に撤回せず、失敗したと認めず、なぜできなかったのかという説明などしないのが、共産党の一つの特徴である。

いまから考えれば笑い話だが、当時まだ二〇代だった私などは、そのうちかならずや民主連合政府ができる、そうすれば住宅の心配もなくなるから無理してマイホームを購入することなどない、と本気で思っていた。それぐらい「七〇年代に民主連合政府を樹立する」というのは、魅力あるスローガンであった。それだけに、これが挫折したときの反動も大きかった。これだけが原因ではないだろうが、この時期、離党していった人も少なくない。

「崇高な社会進歩のための事業」をすすめる共産党の活動は、党員に犠牲的、献身的な活動を余儀なくする。それだけに、目標が頓挫したときには党員に深い傷や幻滅感を残すことになるが、共産党指導部がこのことに何らかの呵責を感じたという話は聞いたことがない。

さて、では今度こそ民主連合政府樹立は成功するのか。不破氏は、七〇年代と今日（九七年の第二一回大会時）とでは二つの点で大きな違いがある、として次のように説明していた。

第一には、七〇年代は社会党の動向が決定的だったが、今回は無党派勢力との共同によって民主連合政府をつくろうという方針であり、あれこれの政党の動向に左右されない。（社公合意から）ここまで一七年かかったが、無党派との共同で政権を展望できるようになった。無党派との共同が民主的政権をつくるカギを握っている。

第二には、七〇年代と比較して政治の流れの発展、共産党の力の発展がある。党の力量が得票数、議員数、地方議員数で七〇年代よりも大きく前進している。

そして、「七〇年代の躍進の時期よりもさらに進んだ地点で、さらに進んだ方向で、民主的政権を展望している」と結論づけている。

不破氏独特の巧みなレトリックで語られているが、果たしてそうなのだろうか。不破氏は「あれこれの他党の動きいかんで左右」されなくなったというが、要するに共同する政党がなくなったというだけの話である。これをまるで喜ぶべき、肯定的に評価すべき変化のようにとらえているが、そうではないはずだ。革新自治体の多くが社共統一の力によってつくられ、その社共統一が崩れるなかで革新自治体もまた消えていったという歴史をふりかえっても、けっして肯定的に評価すべきことではない。

では「無党派との共同の追求」はどうか。これについても、もうそれしか道が残されていないというだけのことである。たしかに無党派層は激増しており、そこに着眼するのは政党として当然のことだ。ただ問題は、不破氏がいうように、本当に無党派との共同が大きく広がり始めているのか、革新政権を無党派との共同で展望することが本当に可能になってきているのか、ということである。

日本共産党は、社会党が共産党排除路線を明確にするなかで、これを「右転落」と批判し、一九八一年には「平和・民主主義・革新統一をすすめる全国懇話会」(全国革新懇）を結成して革新勢力の共同を追求してきた。この運動はいまも進められているのだが、革新政権を展望できるような力を蓄積してきているとは到底いいがたい現状に甘んじている。

不破氏は、無党派との共同で「政権が展望できる」というが、その論拠は当然のことながら何も示されていない。無党派のなかから共産党と共同しうる「新しい政党」が誕生してくることを展望しているようだが、現状では何も見えない。私は、このことを批判しようとは思わない。見えないのが当然なのである。問題は、見えないものをあたかも見えているかのように言い繕い、それによって党員を駆り立てようとする指導部のやり方そのものである。

党勢という点でも、一九七〇年代より増したとはとてもいえない。「赤旗」の部数は大きく減少し、また衆議院での九議席獲得を「善戦・健闘」と強弁せねばならないのが現状なのである。「善戦・健闘」と勝手に総括するのは結構だが、それは「遠ざかる民主連合政府」と同義なのだということを、共産党指導部はわかっているのだろうか。

不破氏自身、私に次のように語ったことがある。

「七〇年代の民主連合政府の呼びかけは、七〇年代の遅くない時期、つまり一〇年間が勝負期間であった。今度は二一世紀の早い時期だから最大五〇年間ある」

そういうことなのである。まだ二〇〇六年だから残り四〇年以上ある。はたしてこういうものが目標といえるのだろうか。仮に四五年先ということになれば、不破氏はもちろん、私もこの世には間違いなくいない。そのもっともらしい言葉とは裏腹に、指導部自身がその程度の展望しか持っていない、ということであろう。

# 第五章　日本共産党の無謬性を問う

## ご都合主義の選挙総括

二〇〇四年の参議院選挙で、共産党が改選一五議席から四議席に激減した時、記者会見で志位氏が「路線・方針が正しければ、指導部の責任はない」と発言し、党の内外から批判が殺到した。しかし、志位氏にすれば、別段変わったことをいったつもりなどない。彼は、これまでの共産党の指導部の立場をそのまま述べたに過ぎなかった。

日本共産党の選挙総括で特徴的なのは、「共産党の方針・政策や党中央の指導は、いつでも正しい」ということだ。いくつかの事例をあげてみよう。

二〇議席から九議席に後退した二〇〇三年総選挙の時は、「わが党が訴えた政治的主張は、国民の立場に立ったものであり、今後の政治で大きな力を発揮する」と総括した。

また、選挙区での議席をすべて失った二〇〇四年参議院選挙では、「訴えの内容は、国民の利益にかなったものであり、正しいものだった」「訴えがとどいたところでは、多くの人々のなかにその共感が広がった」。二〇〇五年都議選では、「私たちの政策論戦は、都民の願いにかなったものだった」。そして二〇〇五年総選挙では、「わが党が選挙戦で訴えた論戦の内容は、国民の気持ちにかみあった的確なもの」との総括であった。

いつ如何なるときも自画自賛である。ある程度ベテランの党員であれば、どういう選挙総括が常任幹部会や中央委員会総会でなされるか、事前に大体見当がついてしまうのである。総括における定石は、大体次の四点しかないからだ。

①まず政策・訴えは意義があった、正しかったと必ずいう。②議席を減らした場合は、いかに困難な条件であったかを強調し、その責任を自民党や民主党、メディアなど他者に転嫁する。③次に何か良い指標はないかを探し、あればそれを最大限に強調する。時には得票数、時には投票率。無意味な比較なども適宜おこなう。④どんな情勢にも負けない大きな党をつくるためには党員と機関誌「赤旗」を増やし、党員の水準を引き上げ活動参加率を高める必要がある、と党員を叱咤する——。

二〇〇五年総選挙後の第四回中央委員会総会で、立ち入った選挙総括がおこなわれているので、この四つのポイントに沿って党指導部の手法を具体的に検証してみたい。

まずは①の手法である。これに基づいた総括はこうなる。

「政策・論戦では、『野党としての公約』を打ち出し、『たしかな野党』というキャッチフレーズをおしだしてたたかったことが、新鮮な期待と共感を広げました」「庶民大増税や憲法改定問題を争点におしあげていくうえでも、わが党の論戦は先駆的なものでありました」

そもそも政党にとっての政策とは何か。「増税反対。暮らしを守れ」「戦争反対。平和を」というのは、至極真っ当で正しい意見だ。ただ問題は、それが国民多数をひきつけ、納得させる力を持っているかどうかである。その力を持ってこそ、政党にとって真に正しい政策なのである。自己満足にしか過ぎぬ意見など政策ではない。

私がまだ政策委員長だった頃、ある新聞記者からこういう指摘を受けたことがあった。「共産党の選挙総括は読まなくてもわかります。いつでも共産党は正しいということですから。そうすると、それが理解できない国民多数が馬鹿だと言っているのと同じではないですか」

なかなか鋭い指摘である。元々みずからを「労働者階級の前衛」と位置づけていた共産党は、つい最近まで、労働者・国民を「大衆」と呼び、市民団体を「大衆組織」などと呼んでいた。一九九四年に一部改定されるまでは、党規約に、「党は、科学的社会主義の社会発展の理論にみちびかれて情勢を分析し、大衆の状態と要求、敵味方の力関係などをただしく判断して、党の方針や政策をつくりあげる。党はそれを宣伝、組織活動をつうじて大衆自身のものとし」と記されていた。

規約改定後はこうした露骨な表現こそなくなったが、その体質は変わっていないのかもしれない。

次は、②のマスメディアや国民に敗北の責任を転嫁する手法だ。

二〇〇五年総選挙では自公で三分の二を超える議席を獲得したが、「それは、首相が唯一最大の争点とした郵政問題で国民に真実を語らず、庶民大増税と憲法改定という重大な争点を隠し、ウソとごまかしで塗り固めてえた結果にほかなりません」そもそも「この選挙は、小泉首相による、異常な『奇襲攻撃』の選挙としてはじまりました」「小泉首相の『奇襲攻撃』と、財界・マスメディアの総がかりの応援があいまって、強烈な『小泉突風』が吹き荒れました」「『奇襲攻撃』と『小泉突風』――この二つの要素は、わが党の前進をはばむ難しい条件として働きました」。

要するに、悪いのは小泉首相と財界・マスメディア、それに乗せられた国民だということになる。「小泉突風」が吹いたことは事実だ。しかし共産党は、これまでも選挙戦の敗因を「突風」のせいにし続けてきた。

「マスコミも『小泉旋風』とよぶ、空前の規模の政治的突風のなかでたたかわれました。この突風は、党の前進にとって大きな困難な条件をつくり」だした。「今回の選挙戦をうけて、私たちは、どんな政治的突風がふいても、それにたちむかって前進できる量・質ともに強大な党をつくる」ためにがんばろう。

これは、二〇〇一年七月の参議院選挙の結果についての常任幹部会声明である。変わったのは「旋風・突風」が「突風」になった点だけである。

共産党によれば、「小泉旋風」「小泉突風」は財界やマスメディアがつくったのだというが、これは正確ではない。なぜなら「旋風」や「突風」の主体は主権者国民だからだ。たしかに財界やマスメディアの影響もあっただろう。しかし、小泉首相の街頭演説の聴衆は国民である。自民党候補に投票したのも国民である。これが「突風」の具体的中身である。共産党の主張は、結局、踊らされた国民が愚かだと言っているのと同じだ。それが悪いと言っているのではない。そう考えるのであれば、国民に下手な媚など売らずに「あなたがたは愚かだ」と指摘すればよいのである。

二〇〇三年総選挙、二〇〇四年参議院選挙では、「財界主導の二大政党体制づくり」という政治的条件に敗因を求めていた。たしかに客観的条件も大いに影響するが、これでは典型的な「責任転嫁の論理」「風まかせの論理」と批判されても仕方ない。

## 責任回避のレトリック

二〇〇五年総選挙で共産党は、得票率を減らしながらも現有九議席を維持した。このときの常任幹部会の選挙総括には正直驚いた。現有維持の選挙結果を「善戦・健闘」と評価したことはともかく、「この間の国政選挙での連続的な後退を押し返した」とまで述べていたからだ。

たしかに得票数は、三三万票増の四九二万票を獲得した。ただそれは投票率が飛躍的にあがったためで、得票率は逆に下がっているのだ。共産党の過去最高得票数は、一九九八年の参議院選挙での八一九万票。衆議院に小選挙区比例代表並立制が導入されて以後の選挙での最高獲得議席は、一九九六年総選挙での二六議席である。この最高時と比較すると得票数で四割減、議席は三分の一に激減している。

当然のことながら参議院選挙でも、この傾向に変わりはない。二〇〇一年参議院選挙では、改選前の八議席から五議席に後退し、得票数も三年前の八一九万票から四三三万票に半減した。二〇〇四年参議院選挙では、改選前の一五議席から四議席に激減、比例での得票は四三六万票にとどまった。得票率の推移も二〇〇〇年総選挙が一一・二％、二〇〇三年総選挙は七・八％、二〇〇四年参議院選挙も七・八％、そして二〇〇五年総選挙は七・三％なのである。

これが「この間の国政選挙」での共産党の冷厳な結果である。ところが、これらの指標には目もくれず、たんに投票率の飛躍的な上昇が理由の三三万票の得票増のみに着目して、「国政選挙での連続的後退を押し返した」というのだ。これぞ③の、都合の良い指標を見つけ出す手法の典型であろう。連続的後退・低迷の悪循環から抜け出せなかったことは、議論の余地もないほど明白だ。

二〇〇五年の東京都議会議員選挙での選挙総括は、さらに強引だった。選挙の結果は、一五議席から二議席減の一三議席であった。それをもって、衆議院選挙での前進の「足がかりをつかんだ」「二大政党の流れのなかでそれを打ち破ることが可能だということを端緒的だがつかんだ」と結論づけたのだ。

その根拠はこうだ。前回二〇〇一年都議選での得票率は一五・六％であった。その後の四年間に二回あった国政選挙（二〇〇三年総選挙、二〇〇四年参議院選挙）の際、東京での得票率は九・三％、九・四％と「大きく押し込まれ」た。だが二〇〇五年都議選では、再び一五・六％に「押し戻した」のだという。

こんな総括は詐術という以外にはない。種類の違う選挙を比較しても何の意味もないからだ。都議選では、社民党は世田谷区にしか候補者を擁立していない。公明党が立候補していない選挙区も多数ある。しかし、国政選挙の比例は、参議院の場合は全国一区であり、衆議院も東京ブロックということだから、社民党、公明党も全都で得票する。比較するなら同じ都議選でなければ意味がないのだ。

では、正しい比較をするとどうなるか。共産党の東京都議会での議席数は、一九九七年には二六議席あった。それが二〇〇一年に一五議席に激減し、さらに二〇〇五年都議選で二議席減った。つまり、八年間でちょうど半分にまで落ち込んでいるのだ。

この現実を直視するどころか、志位氏は、「一五・六％というのは衆議院の比例東京ブロックにあてはめると二・六五人分にあたります。あと二ポイント積み増しすれば三人分に近づきます」「これは、今後の国政選挙での前進の一つの足がかりになりうるものです。今後の奮闘いかんでは、『二大政党づくり』という流れを変える転換点となりうるものです」などと、思わず絶句するような報告までしているのである。

この時点では、まさか総選挙が二カ月後にあるとは予想もしなかったので、こんな調子の良い報告をしてしまったのだろう。過去にも、党員や支持者を励ますための牽強付会ともいえる選挙総括がなかったわけではない。だが、それにも限度がある。

案の定、二〇〇五年総選挙における東京での比例の得票率は、八・八％に過ぎなかった。一五・六％はおろか、〇三年総選挙、〇四年参議院選挙での数字よりも低下してしまったのだ。比例東京ブロックの当選者は、三人どころか一人という結果であった。わずか二カ月の間に、今度は「押し込まれた」とでもいうのだろうか。

日本共産党は、「科学の党」を自称し、不破氏いわく「科学の目」で物事を見ることを強調してきたはずだが、この一連の総括のどこに「科学の目」などあるのだろうか。あるのは、負けても負けても、党中央の責任を回避するためのレトリックだけだ。

客観的に見れば、二大政党制への流れが強まっている逆風のなかで、衆議院で現有議席を維持したこと、東京都議会議員選挙で二人区の日野市、文京区で議席を獲得し、議席減を二議席でとどめたのは、まさに「善戦・健闘」だろう。候補者はもちろん、党員や支持者が献身的にがんばった結果だと思う。ただし、私がこう評価するのは、選挙で共産党が議席を増やす要素は少ない、減らす可能性が大きいという前提にたっていたからこそである。

共産党の最高指導部である常任幹部会はそうではない。〇五年総選挙でいえば、全ブロックでの議席獲得を目標に掲げていたのだ。しかし、北海道、北陸信越、中国、四国の各ブロックで、議席を獲得することができなかった。小選挙区も、過去には京都三区で寺前巌氏、高知一区で山原健二郎氏が議席を獲得したが、いまではどの小選挙区もまったく勝負になっていない。「全ブロックでの議席獲得」という目標そのものが、結局は、実現性のない建前でしかなかったということである。

二一世紀の早い時期に民主連合政府をつくることを目標にし、衆議院では一〇〇を超える議席を獲得するため「連続的前進」を目指すというのが、民主集中制にもとづいて決定された党の大方針のはずである。この方針はどこへ行ってしまったのか。これが建前ではない本気の目標であるならば、このような総括はありえないだろう。

### 疲弊する党員たち

次の二つの選挙総括にご注目頂きたい。まず一つ目は、二〇議席から九議席に後退した二〇〇三年総選挙についての総括である。

「総選挙のたたかいは、どんな情勢のもとでも前進できる量・質ともに強大な党建設の必要性、それが立ち遅れている現状を打開することの重要性を、痛切に感じさせるものでありました」

〇三年一二月、第二二回大会第一〇回中央委員会総会での志位報告だが、選挙での前進のためには、党員と「赤旗」の拡大こそが、その「唯一の大道」だと提起している。

もう一つは、九議席を維持し「善戦・健闘」と評価された〇五年総選挙についてだ。

「『善戦・健闘』にとどまらず、本格的な前進をかちとるためには、日常的な党の活動の水準、党の実力の水準を、抜本的に高めることがもとめられる」として、「党勢拡大大運動」の成功を呼びかけている。

この二つの総括が言いたいのは、「中央の選挙方針も、政策も正しいが、敗北を喫するというのは、結局、組織の力が弱いからだ」ということだ。つまり、これが④の手法で、「あなたがたの努力が足りないから負けたのだ」と、一般の党員に選挙敗北の責任を押し付けているのである。

その帰結として、もっと党員を増やそう、もっと「赤旗」を増やそう、もっと積極的に活動する党員になろう、ということになる。誰が増やすのか。全国にある各地域の支部、企業のなかの支部、大学のなかの支部、公務員の支部等々、一般の党員や地方議員だ。誰が活動するのか。同じである。「党員はもっとがんばれ」というのだ。

しかし、「赤旗」の部数にしても、拡大運動により一時的に増えることはあるが、最終的には減り続けている。二〇〇五年の運動では、一時的にでも増えるどころか逆に減ってしまったぐらいだ。また党員の高齢化がすすみ、青年の入党に力を注いでいるが入ってくるのは高齢者が多く、新しい活力を生み出すには程遠い状態にある。日本社会は「少子高齢化」が深刻な問題になっているが、共産党は「少青高齢化」の克服が喫緊の課題となっている。

いまでも私と付き合ってくれている何人かの地方議員や、支部で活動している党員の話を聞くと、党内には無力感が漂っているという。それはそうだろう。たとえば「赤旗」拡大運動といっても、「党大会まで読んで下さい」「総選挙まで読んで下さい」「参議院選挙まで読んで下さい」といって三カ月、短い時には一カ月という短期の読者を開拓しているのが実態だからだ。それゆえ大会や選挙が終わればすぐに解約される。この一〇年、否、二〇年、こういった作業を繰り返し続けているのだから無理もない。

なんの展望も持ち得ないこうした活動の連続で、党員は心身ともに疲れ果て、そして離党していく。また離党せずとも党活動から離れていく。残った党員の負担はさらに増す――。党勢拡大どころではなく、まさに「負のスパイラル」に落ち込んでいるといった方がよい。

果たして、党員の努力が足りないことが、すべての原因なのか。活動に参加したくなるような方針が、党から打ち出されているのだろうか。このことこそが問われなければならないはずだ。朝日新聞コラムニストの早野透氏が、共産党指導部のこうした提起に対し、「『不屈の意志』でがんばると言っても、これまでもがんばってきている」（二〇〇四年七月二七日付朝日新聞）ということをコラムで書いていた。まったくその通りである。

負けても負けても、ただただ「もっとがんばれ」では、党員の力を引き出すことなど到底できない。最近の共産党の状況をみれば、それは明白であろう。

## 「正しい共産党」など正しくない

日本共産党は、すでに述べたように単独政権は目指していない。すべて連立政権を想定しているのだが、本気で他党との共同を目指しているのかは甚《はなは》だ疑問である。これまでに何度となく述べてきたことだが、何をやっても「共産党だけは正しい」という姿勢では、幅広い共同などありえないからだ。

二〇〇五年総選挙で不破氏は、社民党をも改憲勢力だと厳しく批判し、本当に憲法九条を守る政党は日本共産党だけだと強調した。その理由は、社民党がいくつかの選挙区で改憲勢力の民主党と選挙協力しているからだという。たしかに民主党は改憲を主張しているが、社民党がこれに同意したわけではない。党の生き残りをかけて選挙協力をしただけのことである。たったそれだけのことをもってして社民党をも改憲勢力だと批判するのは、あまりにも党利党略に過ぎる。批判された福島みずほ氏や土井たか子氏ら社民党首脳も目を丸くしたことだろう。

また二〇〇五年の一一月頃だったと思うが、テレビ朝日の「サンデープロジェクト」で自民党の憲法改正草案がテーマになっていた時のことだ。共産党からは小池晃政策委員長・参議院議員が、社民党からは辻元清美衆議院議員が出席していた。この討論の最後で、小池氏が自民党、公明党、民主党の方を指して、「そっちの三党は改憲で一致しているが」といいかけた途端、隣に座っていた辻元氏が「違うよ、一致してへんよ」と小池氏の発言を遮ったのである。この場面を見たとき、なぜ共産党が嫌われるのか、なぜ共同が拡がらないのか、その理由が腑に落ちた。

自民党、公明党、民主党は、改憲そのものは肯定しているが、辻元氏のいうように改憲内容では単純に一致しているといえる状況にはない。

この時のテレビ討論でも、公明党議員は、「すでに国民に認知されている自衛隊をあえて憲法に明記する必要があるのか」と発言している。自衛隊を憲法に明記することが集団的自衛権の行使（日本の防衛とは直接関係のない外国での戦争への参加を意味する）と結びついてくるからだ。公明党議員はそのことをよく理解したうえで、こう発言をしているのである。神崎武法公明党代表も、「9条の1項と2項は堅持し、集団的自衛権の行使は認めない。そこは揺るがない」（二〇〇五年九月二八日付朝日新聞）と明確に述べている。民主党も党内が完全に一致しているわけではない。

だからこそ、辻元氏はあわてて小池発言を制したのである。

日本共産党が本当に憲法改悪を阻止しようとするのなら、三党の足並みが揃わないところに楔を打ち込んでいくことこそが重要なはずだ。それなのに、安易に相手を改憲政党に仕立て、三党まとめて向こう側に追いやってしまって、どうやって改憲を阻止するというのか。

共産党流のやり方にはこんな例もある。さまざまな知識人を中心につくられた「九条の会」という組織があり、全国各地で講演会がおこなわれている。その模様を伝える「赤旗」の記事が、不破氏の講演や演説の紹介記事並みの破格の扱いなのだ。事情を知らない人がこれを目にすれば、この会は共産党系の集まりなのだと間違いなく理解するだろう。否、すでにそう思っている党員、支持者も少なくないのではないか。

佐高信氏は、『サンデー毎日』（二〇〇五年六月五日号）の「正しいことを言うときは少しひかえめにするほうがいい」と題するコラムで、「五月三日の新聞に、共産党が全面の意見広告を打ち、中で『九条の会』を紹介している。これでは、この会が共産党と深い関わりをもつように映ってしまうが、同会呼びかけ人の大江健三郎や加藤周一は了解したことなのだろうか」「私が呼びかけ人として加わっている『憲法行脚の会』について、何党であれ、こうしたことをしたら、私は断固抗議する。一般の読者へ訴える意見広告と、自党の機関紙での景気づけを混同しているのではないか」と鋭い指摘をしている。同感だ。

こんなことを続けていては、どれだけ「憲法九条改悪反対の一点での共同」と訴えても、誰も信用などしない。利用できるものは何でも使い、結局は日本共産党の票と議席を増やすことだけしか考えていないと勘ぐられても仕方がないだろう。

「わが党こそが九条を守る『たしかな』政党です」と訴えたいのかもしれない。だが、いまやるべきことは、なんとか改憲反対で共同の輪を広げることだ。憲法が改悪された後に、「筋を通してがんばったのは共産党だけです」と自慢しても仕方ないのである。

日本共産党には、「侵略戦争に反対した唯一の政党」という誇るべき歴史がある。少なくない党員が命をかけて戦争反対を貫いた。ただ、共産党にも戦争責任があるという丸山眞男氏の議論に与するわけではないが、戦争を止めることも、有効な反戦運動を構築することもできなかったことは事実だ。

憲法が改悪され、消費税の税率が引き上げられたあと、またしても「共産党は正しかった」という虚しい歴史だけが残るのだろうか。

## 迷走する自衛隊政策

日本共産党の核とでもいうべき自衛隊政策が迷走している。私もかつて政策委員長をしていたので、共産党が「自衛隊は憲法違反の存在である」「いずれは国民合意で解消する」と主張していることは百も承知している。将来的な話はともかく問題なのは、憲法違反の自衛隊を現状ではどうするのか、ということである。

共産党の自衛隊・安全保障政策は、長らく「中立・自衛」政策が基本であった。日米安保条約を廃棄して、その後はどの国とも軍事同盟は結ばない。非同盟を貫くという立場である。また、憲法違反の自衛隊は解散させるが、侵略に対しては断固としてこれを排除するために総力をあげる。そして将来的には、国民の合意があれば、憲法を改正して最小限の自衛措置をとる。すなわち軍隊を持つという考えだ。

一九七三年一一月の第一二回党大会で決定された「民主連合政府綱領についての日本共産党の提案」では、次のように述べている。「現憲法下では国は軍隊をもつことを禁止されているので、民主連合政府は、憲法第九条をあくまで厳守することを基本とする」「国民世論が成熟し、統一戦線を構成する政党間の一致がえられた場合、憲法の規定にもとづく自衛隊解散を実現できるようにすべきである」。

では侵略があった際にはどうするのか、という問いに対しては、「急迫不正の侵略にたいして、国民の自発的抵抗はもちろん、政府が国民を結集し、あるいは警察力を動員するなどして、侵略をうちやぶることも、自衛権の発動として当然」（「民主連合政府綱領についての日本共産党の提案」について）と説明してきた。軍隊を持たずに、国民の抵抗と警察力で侵略に対応するというので、当時、「竹やり」論などといわれた。

同時にこの報告では、次のようにも述べている。「一部の議論が指摘するように、独立した国家が一定の期間軍隊をもたず国の安全保障を確保しようとするのは、それとしてはたしかに一つの矛盾であります」「わが党は、将来は、独立・中立の日本をまもるための最小限の自衛措置をとるべきことをあきらかにしています」。

「新しい自衛の措置」というのは、自前の軍隊を持つということである。

同様のことは、一九八五年版「日本共産党の政策」でも、「将来の独立・民主の日本において、国民の総意で最小限の自衛措置を講ずる憲法上の措置が取られた場合には、核兵器の保有は認めず、徴兵制は取らず志願制とし、海外派兵は許さないようにします」と、はっきり書かれている。いずれは憲法を改正して自衛軍を持つが、核兵器は持ちません、徴兵制はとりません、という立場だ。

おそらくいまの党員の多くは、こういう共産党の主張を知らないと思う。まずは「国民合意」で自衛隊を解散させ、そのあと「国民合意」で憲法を改定し、「国民合意」で新しい自衛軍を持つというのであるから、論理的には破綻した現実味の薄い〝軽業師〟

のような提案である。だが、ともかくこれが、当時の共産党の一貫した立場であった。

この立場の事実上の転換がおこなわれたのが、一九九四年七月の第二〇回党大会であった。おそらく党幹部も含めて、この大会で事実上の転換がおこなわれたと理解している党員は少ないだろう。なぜなら、そのような説明がなされなかったからである。

この大会では、「憲法九条は、みずからのいっさいの軍備を禁止することで、戦争の放棄という理想を、極限にまでおしすすめた」「憲法九条にしるされたあらゆる戦力の放棄は、綱領が明記しているようにわが党がめざす社会主義・共産主義の理想と合致したものである」（大会決議）として、「将来にわたって憲法九条を守る」ことを確認した。換言すれば、将来にわたって軍隊は持たず、侵略には警察力と国民の抵抗で対応するということである。これは従来の「中立・自衛」政策の事実上の転換といってよいものだった。

## 田原総一朗氏に突かれた矛盾

ところがその六年後、二〇〇〇年一一月の第二二回党大会で、またまた事実上の転換があった。その引き金となったのは、二〇〇〇年八月二七日のテレビ朝日「サンデープロジェクト」だった。田原総一朗氏が司会で、自由党の小沢一郎党首（当時）と不破議長の討論がおこなわれた。ここで不破氏が、生放送中に自衛問題で小沢氏と田原氏に追い詰められてしまったのである。どういう議論になったか紹介しておこう。

不破氏が憲法で「国権の発動」としての戦争も、「武力による威嚇または武力の行使」も、「国際紛争を解決する手段としては放棄する」とうたっていることをあげ、日本は国連の軍事活動には参加しない、と述べたのに対し、次のような討論が続く。

**小沢** 不破さんがそうだとはいいませんが、そういう議論で憲法を解釈していると、日本の防衛は日本の軍備でやるべきだという議論に発展していくんですよ。どうやって日本を守るのか。

**田原** どうするんですか。

**不破** われわれも自衛の権利は認めています。

**田原** 自衛隊は認めるわけですね。

**不破** この憲法のもとではわれわれは自衛隊は認めない。

**田原** もし敵が攻めてきたらどうします。

**不破**　そのときは自衛の行動をとります。
**田原**　自衛隊がなかったらだれがとりますか。
**不破**　必要なありとあらゆる手段を使います。
**田原**　どうやって。
**不破**　といっても、そのときに、われわれは一遍に自衛隊を解散するつもりはありませんから。そういう状態のないことを見極めながらすすみますから。

このやりとりは、共産党の自衛隊論を考えるうえで、なかなか興味深いものだった。侵略には「必要なありとあらゆる手段を使」い、「一遍に自衛隊を解散するつもりはありません」というのは、いざとなれば自衛隊を活用するということを意味する。常識的に考えれば、別段、不思議な見解ではない。侵略があれば、あらゆる手段を使って、国民の生命、安全を守るために侵略を排除するというのは、政治の責任として至極当然だからである。その時に、国民には「立ち上がれ」といいながら、「自衛隊だけは使いません」などという論理はありえない。ただ、共産党はそれまで「あらゆる手段を使う」とはいってきたが、自衛隊を活用すると明言したことはなかった。

番組が終わった直後に、不破氏から、「自衛隊問題をもう少し深める必要があるね」という電話が、私にあった。翌日の常任幹部会でも同様の提起が不破氏からあり、この年の一一月におこなわれた第二二回党大会での自衛隊活用論へとつながっていく。

この大会で日本共産党は、憲法九条と自衛隊との矛盾をどう解決するかについて、次のような立場と見解を打ち出した。①現在のように日米安保条約が存在する段階では、自衛隊の海外派兵を許さず、軍縮の方向に転じる。②日米安保条約が廃棄された段階でも、ただちに自衛隊解消という国民合意は形成されないであろうから、自衛隊の米軍との従属的な関係の解消や大幅軍縮に取り組む。③アジアの平和的安定の情勢が成熟し、自衛隊を解消してもかまわないという国民合意が可能になった段階で、はじめて自衛隊解消に取り組んでいく。

そのうえで、「そうした過渡的な時期に（自衛隊解消前に）、急迫不正の主権侵害、大規模災害など、必要にせまられた場合には、存在している自衛隊を国民の安全のために活用する」とし、はじめて公式に自衛隊の活用を認めたのである。

これは、自衛隊活用論であると同時に、実は、事実上の自衛隊「容認」論への転換という意味合いをも持っていた。これまで述べてきたように、日本共産党は民主連合政府樹立を目指している。樹立は二一世紀の早い時期を目標としているが、最長だと二〇五〇年までかかることになる。そこで樹立された政府が、やっと日米安保を廃棄するのだ。続いて、今度は自衛隊の解消をめざすわけだが、そのためのアジアの平和情勢の成熟、国民合意の成熟には、相当な期間を要するだろうというのが、日本共産党の展望だ。

つまり、共産党の自衛隊論というのは、憲法違反の自衛隊が半世紀以上存在し続けることを前提とする論理なのである。その間、場合によっては自衛隊を活用するというのだから、これは事実上の自衛隊容認論といわれても仕方がないであろう。

## 皆無の政権担当能力

ところが、またまた自衛隊論の転換がすすんでいることを、ある〝事件〟を通じて知った。

共産党中央委員会が発行する月刊誌『議会と自治体』二〇〇五年四月号に掲載されたある党員の論文のなかに、「私たちは、自衛権や自衛隊に反対しているわけではありません」という記述があること、また「違憲の自衛隊」という表現がないことが問題になった。「これは党の立場とは違う」ということで、その党員は次号で自己批判文の掲載を求められたのである。

言いがかりとしか思えない。なぜなら、新綱領には自衛隊についての記述が三カ所あるが、「違憲」とか、「自衛隊に反対」とかの表現は一カ所もない。不破氏自身、綱領改定報告のなかで、「自衛隊については、改定案は『憲法第九条の完全実施（自衛隊の解消）』と明記しています。〝第九条違反〟という認識と、〝自衛隊の解消によって第九条の完全実施にすすむ〟という目標とが、ここには、はっきりと書かれているわけでありま す」と説明していた。

では問題とされた『議会と自治体』掲載の論文はどうだったか。この論文は、まず「九条には自衛権が明文で規定されている」と述べ、続けて「〝自衛のための組織は戦力ではない〟と強弁し、自衛隊をつくったのです」と指摘している。つまり「自衛隊は違憲の存在」だという認識がはっきり示されている。さらに、「国民合意により、自衛隊を段階的に解消することをめざしています」とある。問題とされた「違憲の自衛隊」という認識も、「九条完全実施」という目標も、はっきりと書かれていたのである。

すると、残る問題は「私たちは、自衛権や自衛隊に反対しているわけではありません」という記述だが、この表現のどこが党の方針に反しているというのだろうか。共産党は、将来的には自衛隊の解消をめざしているとはいうものの、それにいたるまでには民主連合政府をまず樹立し、そのうえで自衛隊解消に関する国民合意を成熟させねばならない。つまり、現時点ではほとんど現実性のない、希望的観測に基づいた話なのである。

ところが国の安全保障というのは、待ったなしの現実の話である。誰も望みはしないが、「もし侵略があればどうする」という課題に現実的な答えがなければならない。だから日本共産党も先ほど触れたように、かつては国民合意で憲法を改正し自前の軍隊を持つことにしていたし、その後、自衛隊活用論を打ち出してきたのである。

憲法九条の条文を素直に読めば、自衛隊が憲法違反の存在であることぐらいは、大多数の国民は百も承知しているはずだ。それでも自民党政府の憲法解釈を受けいれ、あるいは黙認し、自衛隊を認知してきたのは、まさに安全保障が待ったなしの現実的な問題だからであろう。これまで共産党が「自衛隊反対」といった、自衛隊即時解消と同義に受け取られかねないような単純なスローガンを掲げてこなかったのも、こうした国民の気分を踏まえていたからである。

問題にされた論文も同様に、自衛隊活用論という党の方針を踏まえつつ、自衛隊を認知している国民とも幅広い共同をしてこそ、「憲法九条の改悪を阻止できる」という立場から書かれたものであり、どこにも問題などないはずなのだ。だからこそ、政策委員会副責任者である和泉重行常任幹部会委員も、この論文の掲載を了承したのである。

だから私は「言いがかり」といったのである。自分の論稿ではなかったが、あまりにも党の対応に納得できなかったため、私はこの「言いがかり」に反論する意見書を提出した。それに対し、「上とも相談した統一見解」ということで小池晃政策委員会責任者、和泉副責任者から受けた説明は驚くべきものであった。

自衛隊活用論というのは、民主連合政府ができた段階のことであり、現在のことではない。換言すれば民主連合政府ができるまでは、侵略があっても自衛隊活用には反対する。いま憲法改悪反対闘争の核心の一つは「自衛隊反対」である——というのだ。

なぜかといえば、自民党の憲法改正草案がつくられ、自衛隊を「自衛軍」と明記しようという動きが強まっているときに自衛隊活用論を唱えれば、「共産党もいざとなれば自衛隊を活用するといっている。だったらはっきり憲法を改正して『自衛軍』と明記すればよい」と、改憲勢力に悪用されてしまうというわけである。

そこで慌てて自衛隊活用論はお蔵入りさせ、「違憲の自衛隊」「自衛隊反対」を急遽、前面に押し出した結果、今回の論文が党の主張にあわなくなり槍玉にあげられたのだ。しかし、これは第二二回大会で決定したはずの自衛隊活用論も、そこに含意された「違憲であっても、解消への国民合意がない以上、自衛隊の存在を認めざるを得ない」という立場をも覆す大変更である。

日本共産党がどういう政策を掲げるかは、もちろん共産党の勝手である。だが掲げた政策を変更するのであれば、そのことを明らかにするのは政党としての義務である。共産党はいかなる侵略があっても自衛隊を使いません、自衛隊活用論は民主連合政府ができた遠い遠い先のことです、と「赤旗」で大々的に報道すべきである。そして、自衛隊が災害救助で活躍しているところへでも行って、堂々と「自衛隊反対」というキャンペーンを張ればいいのである。

国の根幹に関わる安全保障、自衛隊問題でのこの無責任な迷走ぶりは、共産党がその自画自賛ぶりとは正反対に、とても政権担当能力など持ちえていないことの証である。

# 終章　立ちはだかる課題

## 地に落ちた社会主義

一九一七年のロシアにおける一〇月社会主義革命は、ルポルタージュの古典的名著とされているアメリカ人ジャーナリスト、ジョン・リードの『世界をゆるがした十日間』（岩波文庫）というタイトルにも象徴されるように、文字通り世界を揺るがした。日本共産党の旧綱領も次のような一文で始まっていた。

「日本共産党は、第一次世界大戦後における世界労働者階級の解放闘争のたかまりのなかで、十月社会主義大革命の影響のもとに、わが国の進歩と革命の伝統をうけついで、一九二二年七月十五日、日本労働者階級の前衛によって創立された」

その崩壊も「世界をゆるがす」のは当然であった。日本共産党がなんと言おうと、世界中で社会主義は地に落ちたのである。マルクスの資本主義分析は依然として有効であるという近代経済学の立場に立つ学者も多い。資本主義が勝利したなどとは言えないという主張は、マルクス主義の立場ではない研究者からさえ多く発せられている。しかし、では社会主義か、といえばそうではない。そこに社会主義革命をアイデンティティとする共産党の深刻さがある。

たしかに、一九九六年一〇月の総選挙では、比例で七二六万票を獲得し、過去最高票を得た。九八年参議院選挙では、それをさらに伸ばし、比例で八一九万票を獲得した。「社会主義・共産主義は敗北・終焉した。共産党は時代遅れの存在」「保守、革新の対決は消滅した」という見方が、日本共産党には通用しなかったかに見える。だが、果たしてそうだったのだろうか。

「保革対決消滅」論は、いわゆる「五五年体制」のもとで底流では自民党となれあってきた社会党には、見事なまでに的中することとなった。社会党は一九九〇年の党大会で、日米安保堅持、自衛隊存続明記の運動方針を採択し、規約から「社会主義革命」を削除した。これ以降、九〇年代に社会党は、総選挙での大敗、自民党との村山連立政権、大規模な党からの離脱という経過をたどりながら、一九九六年一月には社会民主党に党名を変更するにいたった。

九六年総選挙、九八年参議院選挙での日本共産党の躍進というのは、社会党が解党状態に陥り、共産党を除く「オール与党体制」ができあがるなかで、行き場を失った革新支持票が共産党に流れ込んだ結果であり、一時的な現象に過ぎなかったのである。けっしてソ連、東欧の体制崩壊の深刻な影響を克服したからではなかった。

日本共産党がソ連をどう評価してきたかは、もちろん知っている。一九九〇年七月の第一九回党大会では、社会主義はまだ生成期であり、その優位性を十分に発揮するところまで到達していない、という見方に立っていた。覇権主義や官僚主義・命令主義などさまざまな問題はあったとしても、ソ連を社会主義国と見ていたわけである。これが正されたのは、一九九四年七月の第二〇回党大会であった。この大会で初めて、「生成期」論が「明確さを欠いていたこと」を認め、「スターリン以後のソ連社会は経済的土台も社会主義とは無縁」とした。ソ連崩壊から三年後のことである。

しかし、世界は、日本国民は、ソ連こそが社会主義国だと見てきた。そのソ連が崩壊したことは、社会主義の実験は失敗した、社会主義革命など時代遅れであるとみなすのには、十分すぎるぐらいの根拠となったはずである。

不破氏は、モデルはいらないという。たしかにモデルにすべき国もない。また、マルクスは未来社会の青写真を描くことを厳しく退けたともいう。新綱領でも、「生産手段の社会化」というだけで、その形態は「情勢と条件に応じて多様な形態をとりうるものであり、日本社会にふさわしい独自の形態の探究が重要」としか書いていない。

だが何の青写真も提示せずに、社会主義、共産主義の思想をいまの若者に魅力的にとらえさせることができるかは甚だ疑問である。戦前、なぜ非合法という条件下で、死をも覚悟して日本共産党に多くの若者が入党したのだろうか。そこには「労働者の祖国ソ連」という明確な社会への燃えたぎるような情熱があったのではないか。

ロシア革命から約九〇年、結局、マルクス主義（日本共産党は「科学的社会主義」と呼ぶ）の中心理論である、資本主義社会から社会主義社会への発展という史的唯物論の大命題は地球上のどこにも実現していない。日本共産党自身、社会主義革命を遠い遠い課題に押しやらざるをえなくなっている。共産党の前には本当に大きな課題が横たわっている。

### 「正義」こそが胡散臭さの根源

評論家の加藤周一氏が共産党について次のように語っている。「思うに、マルクスの思想は、真理の体系ではなく、真理への道程であり、本来共産党は正義ではなく、正義への道程であるべきはずのものである」（前掲『日本共産党への手紙』所収）

そうなのだ。「前衛」とか、「科学的」とか、「裏切り者」などという言い方は、「共産党は絶対正義」という考え方そのものに立脚している。「科学的社会主義」といえば、すべてが科学的になるわけではない。日本共産党自身、「科学、科学」といいながら、どれほど見通しを誤り、政治的な誤りを犯してきたことか。人間集団なのだから、それが当然なのである。「私は正義でありたい」と思うことと、「私は正義だ」と主張することは決定的に違う。

人間が生きていくのは、白と黒だけではない。グレーもある。だが共産党は、党を離れた人間、党を除籍された人間をすべて「黒」にしてしまう。そして「自分たちだけが真っ白」だという。自ら仕立てた孤高の道を歩むのなら、それはそれでよい。だが、それで真の変革者になりえるのであろうか。国民は、日本共産党のそういうところに胡散臭さを感じるのである。

## 共産党の存在意義とは

二〇〇五年九月一九日に逝去された後藤田正晴氏が、「共産党は名前を変えて、社民党と一緒になって社会主義的政策を要求する政党になれば良い」という趣旨の発言を、以前テレビでなさっていた。日本共産党がこの提言を受け入れるとは思わない。党名を変えることは固く拒絶している。たしかに、良くも悪くも〝歴史と伝統ある名前〟であることは事実だ。

だがあまりにも臆病になりすぎてはいないか。私自身、少なくない支持者から「党名さえ変えればなあ」という訴えを何度も聞かされた。プラスイメージがないのだから当然である。「『共産党』とか『共産主義』とかいう言葉は、明治の先人たちがつくった訳語ですが、もともとの言葉は、英語で『コミュニズム』」（前掲『新 日本共産党宣言』）だと不破氏も語っている。私は、党自身「共産党」という名前に自縄自縛に陥っているように思えてならない。「共産党だからこうでなければならない」ということが多すぎる。もうこの呪縛から解き放たれても良いような気がする。

いまの日本の政党を概観してみれば、日本共産党がいうように、自民党、民主党、公明党の間に大きな政策的相違はない。そんな状況だからこそ、私も後藤田氏が指摘するように、日本共産党の存在意義はあると思う。

企業献金を拒絶する政党の存在は、間違いなく意味がある。吹き荒れる新自由主義の猛威と対抗できる政党にもなってほしい。あくまでも社会保障や福祉を重視する役割も果たして欲しい。この世の中、何十億、何百億という金を右から左に動かすことができる大金持ちはごく一部である。そうではない大多数の一般市民の味方にもなって欲しい。共産主義社会などまったく将来への展望がないのだから、無理をせずに、強がらずに、普通に国民に好かれて、国民のために活躍する政党になればよいではないか。国民もそうなることを望んでいると思いたい。

## 自戒をこめて

これで拙論を終えるが、いま私は、あらためてみずからの責任を痛感している次第だ。ここで日本共産党について書いてきた多くの問題点は、私が党在籍中にも感じていたこと、気がついていたことであったからだ。にもかかわらず私自身、最高幹部の一人という立場に安住し、あえて軋轢を避けて保身的になっていたことを残念ながら否定することはできない。いまになってこれだけのことを言うのであれば、党内にいる時になぜ言わなかったのかという批判もあるだろう。当然の批判である。こうした私への批判を、私は甘受する。

『前衛』の二〇〇四年一二月号に、「財界は日本をどう変えようとしているのか」という私の論稿が掲載される際、自己批判文の発表が掲載条件とされた。そこで私はこのなかで、「いま私が自戒をこめて考えていることは、建前ではなく、文字通り本気さと真剣さがないかぎり、国民のみなさんの心をとらえ、政治を変えることなど、到底、できないということです」と書いた。これは私自身の反省であると同時に、まだ在籍中の日本共産党への思いでもあったからだ。

今後、いかなる道を歩むのか、私にもまだわからないが、この思いだけは手離してはならないと考えている。

筆坂秀世

二〇〇六年三月

筆坂秀世　1948（昭和23）年兵庫県生まれ。18歳で日本共産党に入党。三和銀行を退職後、議員秘書を経て参議院議員へ。党ナンバー4の政策委員長となるも、不祥事を契機に議員辞職。2005年7月離党。

Ⓢ新潮新書

164

日本共産党《にほんきようさんとう》

著者　筆坂秀世《ふでさかひでよ》

2006年4月20日　発行
2022年6月30日　13刷

発行者　佐藤隆信
発行所　株式会社新潮社
〒162-8711　東京都新宿区矢来町71番地
編集部(03)3266-5430　読者係(03)3266-5111
http://www.shinchosha.co.jp

印刷所　株式会社光邦
製本所　株式会社大進堂



ISBN978-4-10-610164-9 C0231

価格はカバーに表示してあります。